先辈丛书·回忆录卷

红军

我的红军生涯——王世泰回忆录

中共甘肃省委党史研究室 编

中共党史出版社

图书在版编目（CIP）数据

我的红军生涯：王世泰回忆录 / 中共甘肃省委党史
研究室编 . -- 北京：中共党史出版社，2025.4
ISBN 978-7-5098-5982-7

Ⅰ . ①我… Ⅱ . ①中… Ⅲ . ①王世泰－回忆录 Ⅳ .
① K825.2

中国国家版本馆 CIP 数据核字（2023）第 150801 号

书　　名：我的红军生涯——王世泰回忆录
作　　者：中共甘肃省委党史研究室

出版发行：**中共党史出版社**
责任编辑：王鸽子
责任校对：申宁
责任印制：段文超
社　　址：北京市海淀区芙蓉里南街 6 号院 1 号楼　邮编：100080
网　　址：www.dscbs.com
经　　销：新华书店
印　　刷：北京中科印刷有限公司
开　　本：710mm×1000mm　1/16
字　　数：170 千字
印　　张：12.75
版　　次：2025 年 4 月第 1 版
印　　次：2025 年 4 月第 1 次印刷
书　　号：ISBN 978-7-5098-5982-7
定　　价：35.00 元

王世泰（1910—2008）

# 目　录

# 回忆我的红军生涯

王世泰

中国革命的艰巨性、复杂
性是历史上罕见的。这不仅在
于我们要同帝国主义、国民党
反动派以及各种阶级敌人斗争，
而且还要同我们党内形形色色
的错误思想和错误倾向作斗争。
陕甘边革命根据地的革命斗争
作为中国革命的一个组成部分，
在土地革命战争时期，有胜利
的喜悦，也有王明"左"倾教
条主义错误带来的巨大痛苦和
灾难。这正是从一个侧面反映
了中国革命的艰巨性、复杂性。

"前事不忘，后事之师"，
我多年来就有一个夙愿，想通

王世泰

过回忆个人的亲身经历，缅怀刘志丹、谢子长等革命先烈在中国共产党领导下，为西北革命所创建的可歌可泣的英雄业绩；教育后代学习先烈革命精神，了解中国革命之艰难，从而开拓进取，奋发向上，为完成党所制定的新的宏伟目标而努力奋斗。在古稀之年，我将这段回忆奉献给大家。

# 一、踏上革命的征途

四一二反革命政变后，国民党反动派穷凶极恶地向人民举起屠刀，大批的中国共产党党员和爱国的仁人志士惨遭杀戮。白色恐怖笼罩全国，革命处于严重关头。但是，屠杀吓不倒中国共产党人，镇压激起了人民更广泛的觉醒。在中国共产党领导下，南昌起义、秋收起义、广州起义汹涌澎湃，震撼着中华大地；各地斗争如火如荼，涤荡着一切反动势力。西北地区的革命斗争同全国一样，也在蓬勃发展。以刘志丹、谢子长为首的一大批优秀共产党人，在党的八七会议的精神指引下，先后领导和发动清涧、渭华、旬邑等地的起义，有力地打击了地方军阀和封

1988 年 10 月摄于陕西渭华起义旧址（前排中立者为王世泰）

建统治势力，鼓舞了广大人民群众的斗志。这些起义，虽然由于种种原因最终被国民党残酷镇压，但这是党在西北地区领导的首批武装起义，因此，影响是深远的，意义是重大的。西北人民从中看到了中国的希望和光明，从而掀起更大的革命风暴。

我，作为一名中国青年，在革命形势处于低潮时，也正是在这希望和光明的鼓舞下，毅然投身于伟大的革命洪流之中，走上了人生新的征途。

## ○ 求学入党

在我的家乡陕西洛川有这种说法："有钱人去西安，穷汉娃上延安。"我家境困难，自然只能去延安求学。1928 年春，我考进延安第四中学，成为一名中学生。

那个年月里，要供一个中学生，实在不是容易的事情。大哥、二哥为了让我上学，不得不节衣缩食，含辛茹苦地劳动。因此，入学以后我唯一的目标是拼命地学习，想以优异的成绩，报答慈母和兄长们。

然而，我毕竟是个有血有肉的青年，进校不到半年就被学校那种火热的革命气氛所感染。延安四中那时已有了中共党组织。在党组织的领导下，学生会不时地开展各种活动，如五四、五卅演讲会，李大钊同志遇害纪念日活动以及书写标语、排演进步戏剧等，这些活动强烈地吸引着我，使我开始与进步的同学接近，也急切地想了解学校革命氛围如此活跃的原因。

正当我积极要求进步，主动靠拢组织的时候，组织也在考察我。慢慢地我了解到延安四中党组织力量相当大，第一任校长田伯荫就是共产党员，教师中有党员，学生中党员就更多。我记得当时与我比较接近的党员有刘国梁、师正乾、赵怀璧、贺光辉、杨浩等同学。他们都是富于正义感的好青年。我敬佩他们，并处处向他们学习，想着有朝一日也

田伯荫（原名田毓藩）

能成为一名共产党员。当我把这种想法告诉他们后，立即得到他们的支持，并送给我《共产党宣言》和介绍革命导师马克思、恩格斯生平的小册子以及一些进步刊物等。

我拿到这些闪烁着革命理想之光的书刊，如获至宝，爱不释手，常常躲进宿舍里，一看就是半天。越看心里越亮堂，越看越对未来充满希望。革命导师和先烈们的革命理论像灯塔，照耀着我这个具有朴素阶级感情、满怀对旧社会不满和反抗情绪的青年的心灵，无产阶级革命的目的，革命的理想，激励着我下定决心终身要为共产主义事业而奋斗。

党组织为了帮助我提高觉悟，提高我对严酷的阶级斗争的认识，决定让我在实践中接受锻炼，多次交给任务。经过一段时间的锻炼和考验，由刘国梁同志介绍，党支部讨论通过，我于 1928 年 3 月被正式吸收加入党组织，成为中国共产党党员，成为一名光荣的无产阶级先锋战士。

入党，是我新的政治生命的开端，对我个人而言，不仅有了明确的奋斗目标，而且对人生的意义也有了新的理解。入党宣誓时，自己也深深感觉到一个共产党员肩上的担子有多重，不仅要为革命吃苦，还要流血牺牲，永不叛党。

入党后，我被编入刘国梁小组过组织生活。我记得同组党员还有师正乾、贺光辉、赵怀璧、贺建德（王俊）等。他们年龄虽然同我差不多，但入党时间比我早，无论在思想上、工作上对我帮助都很大。这种革命的情谊，至今我仍记忆犹新。

## ○ 大闹学潮

1929 年下半年至 1930 年上半年，陕西省立第四中学（今延安四中）的学生运动热火朝天，重大纪念日都要搞集会、宣传、游行、贴标语，深入农村宣传群众。我因为个头大，有力气，又在党内，被同学们选为护校纠察队长，担负着每次活动的纠察工作，同时也常和同学们一道外出贴标语。贴标语是有风险的，一旦被当场捉住，非坐牢不可，但大家都不怕。有时我们还把揭露敌人反动嘴脸的标语贴到国民党军井岳秀部师长高双成司令部的大门口。贴标语时，一些同学与门口值勤的哨兵周旋，递烟、闲谈、拉老乡，一部分同学趁机把标语贴上，等标语贴好后，发出暗号，大家便一哄而散。这种活动，对敌人震动很大，高双成气得暴跳如雷，声言要彻底查办。因此，我们的活动不得不更加隐蔽，更加谨慎。

四中校长徐绍林臭名远扬，他和高崇、李凯被人们称为陕北教育界的三大反动政客。1929 年夏，徐绍林向学生发布"约法三章"，即不准集会、不准游行、不准去向社会宣传，大力推行他那一套反动的教育方针，与高双成勾结一起，企图利用军队镇压学生运动，破坏延安四中地下党组织。

徐绍林的倒行逆施，激起学生们强烈的不满，党支部抓住时机，组织了几次大的行动。

学校有个教员兼庶务叫吴志超，是徐绍林的爪牙，窥测、监视学生的行动，大家见了就讨厌，同学们早就盘算着要治治他。而他又有管理财务账目不清、贪污学校经费的劣迹，党员教师把这个消息报告了党支部，党支部抓住机会，立即组织学生罢课，公开要求校方严惩贪污分子。学生罢课闹得很厉害，再加上社会舆论的压力，徐绍林不得不忍痛辞退了这个"心腹"。

罢课斗争胜利，学生们扬眉吐气，徐绍林如丧考妣，急急忙忙邀请延安国民党县党部书记崔光亚到校作所谓的形势报告，企图以此恫吓学生，瓦解学生运动。为了抗议学校当局的这次集会，粉碎徐绍林的阴谋，党组织指示党员同志分头串联同学，约定统一行动的暗号，举行全校罢听活动。

集会是在一个星期日，那位县党部书记在徐绍林的陪同下，趾高气扬地登上讲台，进行"训示"，讲话进行到十分钟左右时，一个党员发出暗号，几百名学生"哗啦"一下，全部退出会场。徐绍林面对学生们这一突然行动，顿时傻了眼。那位党部书记"大人"，狼狈不堪，灰溜溜地溜走了。

连续的学潮活动后，延安县政府和高双成十分惊恐，徐绍林更是到处游说，乞求国民党当局对学生下毒手。四中学生党员中王化成、韩俊杰（韩一帆）在校比较活跃，敌人便把注意力放在他俩身上。记得大约是 1929 年 10 月的一天，敌人采取欺骗的手段，秘密地逮捕了王、韩两名同志。事件发生后，全校师生义愤填膺，纷纷抗议国民党延安当局这种法西斯暴行，要求释放被捕学生。党组织一方面利用探监、送饭的机会，鼓励被捕同志严守秘密，坚持狱中斗争，另一方面通知在校党员提高警惕，防止敌人大逮捕。那些日子，我们白天在校，夜间外出躲藏，以防不测。王化成、韩俊杰同志在狱中表现非常坚强，多次受到敌人的严刑拷打，始终没有供出一句党内的秘密。由于狱外、狱内斗争密切配合和社会上强大的舆论压力，敌人在搞不到任何证据的情况下，无可奈何地先后释放了被捕同学。

被捕学生的出狱，是全校师生反抗国民党当局和徐绍林迫害学生运动的一次胜利，激发起学生们反抗斗争的极大热情。党组织为了趁热打铁，赶走反动校长徐绍林，提出"打倒徐绍林！""徐绍林滚出延安四中！"的口号，再次组织起新的学潮。这时，我已是延安四中党支部成员之一，负责组织工作和保管党内文件、枪支。

我们组织学生上街游行，公开揭露反动政府和反动校长迫害学生的罪行，争取社会的广泛同情，动员群众起来同学生一起进行斗争；在校内组织学生集体罢课；等等。这系列行动后，敌人气急败坏，十分恼火，于 1930 年 8 月派遣高双成部队进驻学校，封闭了四中。

1929 年，我国北方大旱。赤地千里，饿殍遍野，官府残酷敲诈，地主趁机巧取豪夺，广大劳苦大众挣扎在死亡线上。面对此情此景，每个热血青年早已无心求学。因此，当学校被查封后，大部分同学即刻离校还乡，党组织召开会议，号召党员同志投奔谢子长、刘志丹搞武装斗争；暂时离不开家的就回到各自的家乡开展地下斗争。至此，学生全部离开学校，我也结束了学生生活，不久便开始了 20 年的戎马生涯。

## ○ 寻找志丹

延安四中被封闭后，我把自己保管的党内文件和驳壳枪、左轮手枪、"独角龙"各一支及一些子弹，埋藏在未暴露党员身份的学校工友姚安基同志家中。9 月初，我回到洛川县东南乡黄连河村家中，向母亲和兄长们叙说了学校被封的情由和自己以后的打算——到陕北参加谢子长、刘志丹领导的游击队，搞革命武装斗争。

大哥世兴、堂兄世昌，以父亲早亡、我是最小的孩子，出走太使母亲伤心为由，劝我还是留在家乡为好，并提出要帮助我找工作。

我由衷地感激兄长们对我的关怀和爱护，但我献身革命的决心早已下定，同时发誓决不给国民党反动政权干事。

接着，我向他们谈了国内外的形势：蒋介石实行法西斯统治，地主豪绅欺压百姓，帝国主义对中国进行疯狂掠夺；国内战火连绵，民不聊生，不参加中国共产党领导的武装斗争，人民就翻不了身，中国就没有前途；与其受人宰割，不如大干一场，彻底推翻旧世界；等等。两位兄长见我已下定决心参加革命，也就不再强留。大哥说："你一定要走，你就出去闯闯。"

在家住了半个多月，我便辞别了母亲和兄长，先来到洛川县城。沿途，先后在雷向阳、宋维城、雷天祥、赵耀荣、郭景龙、张文元、王培元等十来位中、小学的同窗好友家中小住过，向他们告别时宣传了革命必须搞武装斗争的道理，他们都表示赞同。张文元、郭景龙和赵耀荣还提出要和我同行。我知道郭景龙家庭生活困难，他若出走一家老小就无法生活，因此劝他不要走；赵耀荣家境虽然较好，但我怕路上不好走，也劝他暂时不要走，等我们找到党领导的队伍后，再和他们联系。大约在1930年10月上旬的一天，我和张文元（后改名为张尔凯，中共党员）从县城北浩义村赵耀荣家出发，到富县前庄村王树勋、王树山（均为中共党员）家里过夜。

第二天，我们到富县城里看望几个党员同学，谈了我准备找子长、志丹闹革命的事，大家都赞同。记得有个党员叫李文炳的还说，他家有支驳壳枪（他父亲当过民团团总），需要的话，他把枪偷出来。我考虑这次外出要经过好几个县，带枪行动不方便，就婉言谢绝了。

富县到甘泉县有90里路，我们整整走了一天。傍晚进城，找到薛泰来、郑维平、张荣曾几个党员同学，大家聚在一起，畅谈一宿，他们也都支持我去搞武装。翌日，由甘泉到延安又是整整一天，晚上住在高照家。高照的父亲在四中为我们做过饭，人可靠，住在这里比较安全。

四中封闭后，党员们与组织一时失掉联络。因此，到延安后我们不敢贸然行动，只好先到姚安基同志家中。姚安基见到我非常高兴，并告诉我延安区委书记是刘明景，住在高崇义（高岗的胞兄）的骡马店里，说着便领我们去找刘明景。

刘明景是陕北安塞县人，也是我在延安四中的同班同学。他为人忠厚老实，在校时我俩关系就很好，所以他听说我要找子长和志丹，高兴地说："太好了，你是咱们同学中去搞武装的头一名，实在让人羡慕。如果我不当区委书记，非同你一起去不可。"刘明景告诉我们，谢子长同志活动的地点他们不清楚，还是先找刘志丹同志。同时，告诉我们志丹同志领导了一支几十个人的游击队，活动在保安县和安塞县一带，要找志丹同志需先到保安县（今志丹县）找曹力如同志，让曹力如负责把我们送到志丹游击队里。

曹力如同志，是一位入党较早的老党员，也是保安县地下党组织的负责人。他名义上是保安县教育局局长兼县民团副团总（团总是刘志丹），实际上是利用这一合法身份从事党的工作，但我只知其名，未见其人，因此延安区委就给我们写了组织关系介绍信。

在延安住了四五天，我和张文元就动身向保安县出发，两天后顺利到达永宁山寨。永宁山寨距保安县城90里，地形险要，易守难攻，因保安县城破烂不堪，县政府和一些机关怕不保险，就搬到这里安营，这里实际上就是保安县县政府所在地。

曹力如

到永宁山寨后，我们就去教育局找曹力如，不巧，他外出不在，教育局派人安排我们食宿。三四天过去了，仍不见曹力如回来，我俩心急如焚，坐卧不安。那位陪同的人，看出我们急切的心情，便说有什么事可对他说。这个同志我们不认识，但通过几天的观察和接触，像是自己人，于是便大胆地说明我们找曹力如的目的。那位同志笑笑说，一切由他安排。果然，第二天他就找来一位工友带我们上路了。我们一行三人，翻山越岭，一直向东北方向的密林走，两天过后终于到达了刘志丹游击队的驻地。

马上就要见到陕北人民广为传颂的英雄人物刘志丹了，我的心情十分激动，激动之余又有些局促不安，志丹同志能收留我们吗？当人们把我俩带到一孔窑洞里，看见炕上盘腿坐着两个人，一个是志丹同志，另一个是杨树荣（姜兆莹）同志。志丹见我们进来，欠身连忙让座，我随即把介绍信递给他。

刘志丹

看完介绍信，志丹抬起头笑着说："好，投笔从戎，有志气，欢迎！欢迎！我们队伍中就是缺少有文化的人。"

我眼前的志丹，是那样的清瘦俊秀，他中等身材，温文尔雅，和蔼可亲。特别是他那不笑不说话的神态，给我留下深刻的印象，十分亲切，同时敬慕之感也油然而生。这也许是我对他早年闹学潮、上黄埔、搞暴动等一系列传奇式的革命经历有所了解的缘故吧。我暗自下决心要在他的身边为革命奋斗一辈子。

志丹同志耐心仔细地听完我一路如何寻找党组织的经过后，一边抽着烟，一边笑嘻嘻地说："你俩都是共产党员，要发挥党员的先锋模范作用。我们这支队伍里党员少，你们事事都要带头才行。"说着，他又指着杨树荣同志说："他是咱们支部的负责人，有啥事可多与他联系。"

接着，志丹同志说道："我们这支游击队组建时间不长，力量也还不强，吃的不好，穿的没有，枪支弹药更是缺乏，以后的困难多得很，你们能吃下这种苦吗？"

我回答道："入党宣过誓，死都不怕，有什么苦吃不下的。"

志丹同志说："革命需要我们去牺牲时，当然要义不容辞。但我们革命的目的是推翻吃人的旧社会，解放全国劳苦大众，更多的是需要我们去吃苦、去奋斗，而不是作无谓的牺牲。这一点每个共产党人都必须牢牢记住。"

志丹同志胸怀宽广，学识渊博，身居窑洞，想着全国。他对我们延安四中的学生运动怀有极大的兴趣，让我详细地作了汇报。最后他感慨地说："这批觉醒了的学生，将是革命的一支重要力量。"他的这一预言，在以后的革命实践中得以实现。延安四中确有一大批学生先后投入革命的怀抱，为革命作出了贡献。

## ○ 新的生活

来到向往已久的游击队，揭开了我生活中新的一页。对我这个刚离开学校的青年学生来说，这里的一切都感到新鲜。

在与老同志的接触和交谈中，我很快就了解了这支部队的来源和组成。

原来，早在 1928 年 6 月，中共陕西省委根据党中央确定的方针，决定派刘志丹、谢子长等同志到陕甘宁交界地区开展兵运工作。主要任务是打入军阀内部做士兵和下级军官工作，发展党的组织，学习军事，训练干部，伺机发动兵暴。1929 年春，刘志丹同志首先回到保安县，与地下党负责人曹力如、王子宜等一起，发动群众，利用他在本县的影响，采取合法选举的方式，夺取了保安县民团的领导权，刘志丹担任了团总职务，曹力如任副团总，掌握了一部分武装。1930 年春，正值蒋冯阎大战之机，驻守宁夏的军阀苏雨生为了巩固自己的地盘，乘机大肆扩军。

王子宜

刘志丹、谢子长认为这是一个难得的机遇，随即带领一批共产党员去苏部搞兵运工作。而苏雨生对刘、谢早有了解，也想利用志丹和子长在陕甘宁三省的影响巩固自己的地位。所以，当志丹、子长到达宁夏后，他即任命子长为第十旅旅长，任命志丹为第八旅十六团中校团副。志丹、子长同志亦乘机将带来的党员同志分别安插在部队之中，并迅速建立了党的秘密组织。但时隔不久，地方军阀混战的烽烟再起，苏雨生兵败离开宁夏，志丹、子长便带着自己的同志，又回到陕北。此时，陇东民团军司令谭世麟，也极力扩充实力，志丹又利用旧有的关系，率领马锡五、卢仲祥、刘兆庆、赵子实、薛应昌等共产党员和部分农民，到谭部投军。谭世麟欣然接纳，并委任刘志丹为第六营营长。与此同时，谢子长同志回陕北后，派李立果、阎红彦、雷恩钧等同志前往陕西宜川县后湫天杨庚武部开展兵运，并将杨部周维琪营拉出，在三道川与刘志丹的六营会合，成立一个团。但是，敌人毕竟是敌人，谭世麟怕刘、谢这个团成了气候，与他分庭抗礼，便与新收编的土匪张廷芝团勾结，收买了周维琪，合谋偷袭了刘、谢的部队，发生了"三道川事件"。由于事发突然，志丹、子长再次脱险出走，其他同志也都分散突围陆续回到陕北。兵运又一次失败。

谢子长

1930年秋季，刘志丹认真地总结了兵运工作的经验教训，同曹力如、杨树荣等同志在永宁山商量决定，组建自己的部队。随即在保安县成立了游击队。部队的来源有四部分：一是从陕北各地汇集起来的中共地下党党员，除刘志丹、杨树荣外，还有魏佑民、方英杰、薛应昌、赵子实、李锦如、贺彦龙、常佩青、王廷光、马福吉、杜义侠、魏长顺、杨植本、杨彦麟等二十余名党员，这部分同志是部队的中坚力量，分别担任各级领导职务；二是以曹力如为首的保安县地下党组织从保安县民团（该民团由我党控制）抽调出的十几个人，十几条枪；三是刘志丹在三道川搞兵运时的旧部，如刘约三、赵子实（共产党员）、卢仲祥等，这些人具有社会经验和活动能力，在保安县较有名气；四是当地自愿参加的贫苦农民和青年。

游击队一经成立，便立即活跃在保安，发动群众，打土豪分粮食，并伺机到合水、太白、南梁一带开展游击活动，先后消灭了合水、保安、安塞、庆阳等地的小股民团。特别是志丹同志根据情报，带领部队星夜赶到合水县太白镇，采取智取和奇袭战术，一举消灭太白反动民团，缴获枪支数十支。击毙了团总和副团总，震慑了附近几县的民团，轰动了陕甘边地区，几道川里传遍了刘志丹游击队闹革命的消息，许多贫苦农民积极要求参加游击队，使部队迅速扩大。我们来到这个部队时，部队已发展到八九十人，长短枪六七十支，编制两个中队，魏佑民和卢仲祥分别担任中队长。

我和张文元被分配到一中队一排一班当战士。班长是贺彦龙，我们一见如故，大家无拘无束，相处得很好，使人感到这是一个团结的、革命的战斗集体。

这支部队自组建以来，就由志丹同志亲自领导，一开始，游击队就成立了党支部，杨树荣担任党支部书记，刘志丹队长兼任党支部委员。因为当时党的活动不公开，党内的事由志丹、杨树荣二位同志直接和党员联系，大小问题由党支部通过他们二人传达给每个党员，并要求党员团结群众，起模范带头作用。

志丹当时在保安县的威望很高。在部队新组建，敌我力量对比很悬殊的情况下，他善于团结各方面的人士，不但紧紧依靠党员同志，更重视团结和利用社会人士，发挥他们的作用和力量。当时在陕北和陇东

马锡五

地区，有些在社会上很有声望和名气的人士，如陈国宾、马锡五、王廷玉、卢仲祥、赵二娃、唐青山、贾生财等，还有一些哥老会大爷，如马海旺、高世清、罗连城等，都先后被志丹团结争取过来，这些人积极宣传志丹和志丹游击队，联络各方面的人士支持革命事业，起了很大作用，有的成了我们党革命时期的著名人物，如马锡五任陇东专员时人称"马青天"，他在新中国成立后曾任最高人民法院副院长。

我感受最深的是游击队里的民主气氛。这是一支新型的人民军队，没有国民党反动军队里的旧习气，没有打人骂人现象。刘志丹同志不仅提倡人人平等，官兵一致，军民一致，而且身体力行，处处带头。他没有架子，与大家同吃、同住、同行动，完全与大家打成一片。志丹经常抽空与干部战士个别谈话。每到一处他就到群众家里，嘘寒问暖，关心人民的疾苦。当时他虽然还不到30岁，部队指战员和乡亲们都把他看作朋友和兄长，连上了岁数的老人都和大家一样，亲切地称呼他为"老刘"。

志丹根据部队的实际情况，抓紧对部队进行军事训练，他和杨树荣同志都经过正规的军政训练，经常利用行军和打仗的间隙给大家讲授军事知识。志丹同志非常重视调查研究工作，每到一地都要亲自了解社会和自然状况，因而有"活地图"和料事如神的美称。

刚到游击队时，枪支少，我和张文元还有一些同志只好徒手跟着大家行动，心里真不是个滋味。我一直在寻思怎样才能搞到一支枪，使自己有一名革命战士的"样子"。最后想到在延安四中时，党支部存有一支驳壳枪，我曾保管过，如果把这支枪取来不就有枪了嘛。经过认真考虑，我把自己的想法告诉给志丹，他同意了。临行前，志丹嘱咐说：

"你一定要小心谨慎，要在阴历年前返回部队，敌高双成部高雨亭营驻保安县老城，准备'清剿'我们，部队随时准备转移。"我当即表示，一定按时归队。

## ○ 延安取枪

回延安，轻车熟路，两天多就到了，为了防止意外，我仍住在高照家，当晚找到姚安基询问延安敌情。姚安基告诉我，情况非常紧张，区委被暴露不得不撤出延安，转移到甘谷驿以东一带活动，延安城实行戒严，进出城盘查很紧。

情况有变，增加了我完成任务的困难，心里不由得烦躁起来。接着我问："咱们那支驳壳枪还在吗？"

"让区委拿去了。"

"还有什么枪？"

"一支六转子、一支独角龙。"

听到驳壳枪被区委带走了，我非常失望。在志丹面前，我打保证把枪带回去，现在怎么交代？第一次执行任务就放空炮？左思右想，无论如何要设法再搞支枪，否则无颜回去。

决心已定，心里反倒坦然多了。我问姚安基延安四中的同学有谁在高双成部队里做事？姚安基说有李树禄（又名李伯林，共产党员），在高双成部队学兵连当文书。我让他设法把李树禄找来。

第三天晚上，李树禄来了。我告诉他这次回来的任务，请他设法搞支枪，有驳壳枪最好，没有短枪搞支长枪也行。大约过了一个星期，李树禄来说实在无法搞到枪。我叫他继续打听，看谁家藏的有私枪，有了我们买。

几天之后，李树禄兴冲冲地跑来告诉我说："有门了，学兵连二排长私藏一支德国造马步枪，要卖60块现洋。"

我立即答应说："好，60 块就 60 块，我们买。"

树禄同志非常老实、忠厚，担心我们拿不出钱来，问我："人家要现钱，钱从哪里找？"

"钱，你不要管。你说买枪的人要先看枪后给钱，枪不好人家还不要哩。"其实那时我身上分文没有，只想把枪拿到手再说。

一天晚上李树禄果然把枪拿来了。真是一条好枪。有了枪，我不再发愁完不成任务了。

"钱怎么办？"李树禄小声问我。

我说："没钱！"

李树禄当时就急了："没钱那咋行，人家会找我算账的。"

"他的枪来路不明，不敢大吵大闹地要钱的。他硬要，你就说你上当啦，枪叫人拐跑了。他要要横，你就硬起来嚷叫着拉他去连部，告他个私藏枪支的罪名。"

李树禄半天不吭声，最后说："也只得如此了。"

接着，我安慰他："革命连牺牲都不怕，还怕他要钱。你搞到一条枪，就是为革命增添了一份力量，游击队不会忘记你的。"

李树禄走后，我就开始做回部队的准备。

提起走，我们又犯难啦：城门盘查太严，怎么带枪出城？在延安求学时，我记得东城墙根有个大泄水洞，如果趁夜深人静时，从洞里爬出去，也许是个办法。但是，派姚安基去查看，谁知洞口早已被封死。后来我又想能不能晚间带枪从城墙上用绳子吊下去？经了解，晚间城墙上敌人有流动哨，也行不通。

晚上，我和姚安基及其爱人徐少兰一起苦苦思索着出城的办法。突然，徐少兰指着我说："你不是穿着长袍吗，不会把枪斜背在袍子下。"

一句话，说得我们几个眉开眼笑，还是女同志的心细。说着大家便比画起来，马步枪的枪身短，把枪背带放长背在右肩上，再把袍子衣领敞开，右肩上背个褡裢盖着，把两支小枪和子弹装在褡裢里，这样既可以走路，也可以掩人耳目，看不出破绽来，真是个好办法。

带枪的办法有了，还得预防城门口哨兵检查，于是我们又把李树禄叫来商议，商定我装成李树禄的弟弟，让李树禄同志护送我出城。我们想李树禄虽然是个文书，好赖也是个系武装带的官，一般说守城的卫兵不敢贸然阻挡。当然我们也作了多种设想：如果城门口卫兵不检查，大吉大利；如果敌人要搜查，就让李树禄态度放凶些，说："我送我弟弟回家，还盘查什么"，训斥一顿；如果万一纠缠不脱，我们就开枪冲出去。同时，让姚安基提前出城，在杨家岭对面的石砭上等我，听见枪声就说明出事，听不见枪声就说明一切顺利，他将我再护送一程。几个人都做好准备，即使牺牲了也是光荣的。

第二天，城门刚开，我俩就动身了。到达城门口，非但没有受到盘查，哨兵还向李树禄敬礼致意，于是我俩又说又笑，大摇大摆地出了城门。那时，我们表面上装得轻松的样子，实际上紧张极了，当我们走到离延安一里多路的地方，才长长地出了口气，再一看两人头上都冒出

1988 年摄于陕西延安杨家岭（右一为王世泰）

冷汗来。事后想起，那次实在有些悬乎，如果哨兵稍加盘问和搜查，非露马脚不可，后果也就难以想象了。这次取枪，多亏李树禄、姚安基、徐少兰同志，否则我的任务是无法完成的，因此我打心眼里感激他们。

## ○ 年关归队

离开延安，第一天到达安塞县的高家沟门。这里有我延安四中一位同学高如华，他虽然不是党员，思想还算进步，我决定在他家住宿。

来到这里，不巧得很，那位同学不在家。好在进村时，我打听到他刚刚结婚不几日，所以听说他不在时，我连忙解释说："我们是同学，我是前来贺喜的。"

这家人四代同堂，二十多口人，适逢年关，全家老小相聚一堂，显得既有生气又很和谐。高如华的爷爷，听说我是他孙子的同学，又是来道喜的，非常高兴，拉着我的手说："难得啊！你是我孙子的同学，也就是我全家的客人，快进屋。"说着，让家里人给我做饭。

因为是过年时节，这家生活又比较富裕，准备的年货吃食特别丰富，不大一会儿工夫，就摆上满满一炕桌。

提起吃饭，我有些作难。陕北的习惯，尤其是隆冬季节，吃饭都是要上炕就座的，而我长袍下藏着一支枪，咋能在炕上坐下去？把枪取出来，不仅会吓坏这家人，还得把我当成坏人看待；不取出枪，又确实无法上炕，远路来客不上炕吃饭，自然又是对好客的主人不恭。无可奈何，我只得扯谎说腿上长有疮，不能盘腿坐，就让姚安基同志坐在炕上，我坐在炕沿上勉强应付吃了一顿饭。

傍晚，同学回来了，两人相见亲热异常，特别是我那位同学新婚燕尔，更是春风满面。当他问我干什么来了，我说："给你道喜来了。"说完话用眼睛示意他不要再问，他立即会意，约我一同走出大门外。

到门外，我把带枪之事原原本本告诉了他，他说："在我家绝对不会出事，但要让爷爷知道了不好，还是把枪藏起来。"我俩边说边走，最后趁天黑把枪藏到他家房后的一间堆放柴草的破屋里。

藏好枪后，我如释重负，一身轻松。晚上，几个年轻人一起又吃又喝、又说又笑地闹腾了大半夜。

第二天，是大年三十。头天晚上，风雪交加。清晨起来，小小的山沟成了银色的世界，地下的积雪足有半尺深，空气格外清新。在被人们称为十年九旱的陕北，冬天下这样的好雪，我不由得脱口说出："瑞雪兆丰年！"看来，这场大雪会给苦难的陕北带来个好年景。

雪，仍下个不停。随着漫天飞舞的雪花，我的心又飞回游击队：同志们怎么样？志丹同志怎么样？特别是当我想到志丹同志在我临走时的嘱咐，顿时焦急起来。银装素裹的山景，我无心观赏；村中飘出的欢声笑语和阵阵香气，对我没有丝毫的诱惑力。我担心游击队转移了驻地，因此，一门心思想着要尽快地返回游击队。

早饭后，我谢绝了主人的诚心挽留，离开高家沟门，向保安县西部方向赶路。大年三十，姚安基的妻子儿女都眼巴巴地盼他回去过年。所以就让他回去了。

来时，我是由高桥川到延安的，沿途到处都能碰到民团的哨卡。回去，我怕受盘查，改道走保安县城和永宁山中间插过去的路线。这条路山大沟深，坡陡路滑，一尺多深的积雪早已把山路中一些坑坑洼洼填得平展展的，稍有不慎，就可能葬身于山谷之中。白雪映出的强光刺得我两眼发痛，几步之外什么都看不见。我深一脚浅一脚、跌跌撞撞地抄小路、钻梢林、爬山梁、跨深沟，向回赶。

在冰天雪地的深山里，狼和豹子常常趁机出山觅食，为了防止意外，我把枪从袍子底下取出来背在肩上。路上，一个行人都没有，眼前只有狂舞的雪花和怒吼的寒风。下午四五点钟，我终于走上一座大山梁，顺风听见远处隐隐约约有羊叫声。走了七八十里路，没有碰到人家，现在听到羊叫声，心里那个高兴劲，简直是无法形容的。我朝着羊叫声的方向走去，最后走到一条沟边就找不到路了。没办法只得横下心攀着梢林连爬带溜地下到沟底。

一到沟底，羊叫声反倒听不见了，只好顺着沟向前走。走了两个来钟头，才找到一户人家。这家男人不在，只有一个年轻女人，女主人见我背着枪直进窑洞，瞪着惊恐不安的眼睛，缄口不语。这一带据说常有土匪骚扰老百姓，她大概把我当成土匪了。

"老乡，你不要怕，我是过路人，天黑了，路上又不好走，我想在你家住一夜，明天一大早就走。"我试探地说。

听说我要借宿，女主人急得抓住炕沿直往后退，怯声细语地说："我男人出去躲账，后半夜才能回来，你……不能……"

显然，女主人对我不放心，而我也考虑到在这家留宿不合适："附近还有人家吗？"

"有，离这儿七八里地有个大庄子。"说着她走出窑洞门，给我指了指方向。

我沿着那位女人指的方向，拖着疲惫不堪的双腿继续上路，此时那女人惊恐的面容在我脑子里翻腾着：难怪人家害怕，我背着枪，大年三十在大山沟里行走，谁见了能不产生怀疑？为防万一，我边走边想编就了一套应付盘查的话，要有人问我的来路，我就说我是延安四中的学生，和崔登第是好朋友，他过阴历年结婚（此事崔登第告诉过我），我是前去贺喜的；要有问起带枪的事，我就说是保安县团总曹力如买的枪，让我给他捎回去。不想我编的这一套话，还真都用上了。

摸黑走了十来里地，到晚上十点多钟，来到一个有八九户人家的庄子。当我刚刚走到村口，就被一群狗围起来，狗群连扑带咬，凶猛异常。狗叫声，惊动起守岁（三十晚上人们都有守岁的习惯）的老乡，村子里跑出不少人给我挡狗，询问我是干什么的。我连忙把途中编的那套话告诉了他们。这时只见一位老人，走出人群拉住我的手说："我就是崔登第的舅舅，你就到我家住吧。"听说我是崔登第的同学，全村人都来看我了。我想这个村子可能都是同姓，与崔的舅舅是本家；也可能是深山老林里很少来外人，大家来看看稀罕。真是"天无绝人之路"，本来我发愁在这深山老林里无宿可投，结果竟被当座上宾招待了一番。虽然冒雪一天走了百十里地，晚上吃了顿丰盛的年饭，有猪肉、羊肉等菜，还有白酒、黄酒和稠酒。酒足饭饱后，睡得香甜，乏气顿然消失。

翌日清晨，雪霁天晴，空气特别清新，正是赶路的好时机。早饭后，我告别了主人继续上路。雪虽然不下了，路仍然非常难走。中午，到达保安县川，为了躲避敌人的哨卡，我径直通过大川，登上一座大山，山上林木茂密，道路崎岖，走来走去迷失了方向。我索性坐下休息，就着雪吃了些干粮。这一天，走了百十里路，两腿沉得像灌了铅似的，一坐下来就不想再动了。

天又完全黑了，四野寂静无声，天上星星不时闪烁，大地在雪光的反照下，灰灰蒙蒙。今夜的归宿又在哪里？我的胆子大，在同学中是有了名的，但此时此刻，不由得心里一阵阵发怵，身上冒出冷汗来。在这原始森林里露宿，不冻死也得受野兽的袭击。想来想去，横下一条心还是走。在森林里又找了一阵路，才找到一条人行小道，这样黑摸着下了山，到达洛河边。洛河已经冰封，我小心翼翼地走过洛河，沿河而上，小半夜才走到一个村庄。

大年初一，人们照例睡得很迟，村中家家门前挂着红灯，颇有些辉煌的气势。因怕进村后群狗来围，我便轻轻走到一家窑洞门前。

走进窑洞，正巧女主人在揭馍馍，猛然见个生人进来，吓得"啊！"的一声，一屉子馍馍全扣在地下。她家里人听见叫声从套窑里都跑了出来。我被这种场面搞得很尴尬，直说对不起，随即又搬出那套假话来。世界很大，但有时也很小，这家偏巧又是崔登第的亲舅舅家，距离崔登第家只有五里，自然留我住宿，我又被热情地招待一番，暖暖和和地睡了一觉。

第二天九点钟左右，崔登第就被他舅舅打发人叫来。两人见面，高兴得连蹦带跳，这不仅因为我俩是同学，更因为我俩同在党内，是同志。

保安县山沟里，识文断字的很少，村上人知道我们是学生，纷纷请求我们给写对联。义不容辞，两人整整写了大半天。对联内容都是我们新编的，可惜现在一条也没有记住。

崔登第告诉我，志丹游击队近日活动在王庄一带，离他家杨坪有四十多里。知道志丹活动的确切地点后，我当即写了封信，让他找人送去。信中内容主要是说我已搞到一支马步枪、两支小枪，由于人生地不熟，行动不便，请求派人前来接应。

志丹接到信后，立即派中队长魏佑民、警卫员郭立本和一位绥德籍战士来接我。他们骑的马，不到晌午就到达杨坪。下午，我们一行四人离开杨坪，傍晚回到游击队驻地。

志丹听说我回来了，忙迎出窑洞，满面笑容地说："辛苦了，辛苦了！快进窑洞暖和暖和。"说着把我拉进窑洞，用目光从上到下打量我。这目光，我一辈子也忘不了，它充满着喜悦，充满着信任，像一股暖流，流遍我的全身。但我心里很内疚，原说要取回驳壳枪的，结果没有完成任务，于是低声说道："我没有完成任务。"志丹哈哈大笑："你不仅完成任务好，表现更好，区委把枪拿走也是革命的需要。你能用计搞来这支德国造马步枪，可真不容易，你为革命立了一功。"

我把几支枪交给志丹，志丹把两支小枪交给别人，把马步枪又递给我说："这支枪今后归你用，希望你要勇敢、顽强地战斗。"自此以后，志丹对我比较信任，有什么重要任务都忘不了我。我知道，这并不是自己有什么能力，主要是志丹着意在培养我。因此，我常为能在这样一位亲如兄长的首长领导下为革命而战感到莫大的荣幸。

## ○ 进兵陇东

游击队在王庄活动一段时间后，得知驻守保安县城（老城）的敌高雨亭营有"清剿"我们的动向。志丹同志决定部队先向瓦子川一带转移，避敌锋芒，尔后再进军甘肃省陇东地区活动。

出发前的一个晚上，志丹同志交给我一项任务，让我同魏长顺和一个战士，背三十两大烟土、一百多块银元，带着他给曹力如同志的信，去事先约定的地点接头。约定地点在离永宁山寨十来里的一个地方。这批东西是志丹同志交给曹力如同志作为保安县地下党活动的经费。

晚上一点多钟，我们在预定地点接上头，当面将信和东西交给了来人。随后，我们马不停蹄地赶回住地。

第二天早上八点多，部队进入子午岭并向合水县方向前进，经平定川、葫芦河、廉家砭、曹家寺于第三天到达固城镇。

固城镇，位于合水县东，沟壑纵横，森林茂密，交通阻塞，人烟稀少，历来是"山大王"出没之地。当时，这里有三股占山为王的土匪，一股是以赵二娃（又名赵连璧）为首的七八十人，三十多条枪，战斗力比较强。赵系保安县人，雇农出身，家境困难，外出占山为王实属迫于生活无奈；一股是以唐青山为首的二百来人，十几条枪，其余皆手持长矛大刀。唐本人是合水人，其部下绝大多数也是当地人；第三股是以贾生财为首的三四十人，十几条枪。贾原籍陕西神木县，早年逃荒流落在固城镇。

赵、唐、贾三人，熟识志丹的为人和才华，对志丹非常敬重，特别是赵二娃常与志丹有联系，关系尤为深厚，早有投靠志丹之意。因此，当志丹率领游击队到达合水后，他们便闻风而来，提出要与游击队联合。

志丹同志纵观局势，分析敌情，认为面对敌人"清剿"的形势：四股力量汇成一股，有利于对付地方民团武装和国民党军队的"围剿"；我们游击队有一百多人，枪支较好，战斗力较强，完全可以控制这几股力量；通过联合，还可以按照党的政策和指示，逐步把这部分人改造成为人民武装，壮大革命力量。因此，志丹同志明确表态同意四方联合。经过几次协商，几方一致推举志丹同志担任总指挥，指挥所有部队，并决定各部队暂时不改名称，不打乱编制。

为了统一游击队的思想，认清形势，志丹同志让支部书记杨树荣召开党员会议，传达志丹和支部的意见，要求党员：一要认清当前联合的必要性，同时要充分利用同乡和哥老会的关系，积极做好赵、唐、贾部队的工作，启发出身贫苦的战士们的阶级觉悟，成为自觉的战士；二要时刻保持高度的警惕，作好应变的准备，防止赵、唐、贾部反水。那些日子，我们真辛苦，既要站岗放哨，又要出操训练，还得时时监视赵、唐、贾部的动向，晚上基本上没有脱衣服睡个踏实觉。

几天之后，四支队伍在固城镇召开大会，正式宣布志丹同志任总指挥的决定，志丹同志在会上讲了话。志丹同志当时主要讲了三个问题：一是，我们这支联合部队大部分是穷苦出身，都是因为生活过不下去，或是受地主、官府的逼迫才拉起队伍的，现在会合一处，人多力量大，要团结一心，和衷共济，同地主反动武装和国民党军队斗争到底；二是，我们中的绝大多数是农民，都深知老百姓的苦，今后绝对不能再干祸害老百姓的事；三是，现在人员增加了，在这深山老林里无法解决给养，准备把部队拉出去，搞些给养，扩大武装。

大会之后，部队浩浩荡荡地向盘克塬南部前进。最后到达距宁县县城约三十里的张皮塬一带宿营。在张皮塬我们活动了几天，由于时间紧迫，部队活动频繁，改造部队的工作收效不大，一些土匪习气难改的人，在此期间趁机抢劫群众财物，损害群众利益的事时有发生。一天，有几个土匪痞子，把十几个年轻妇女赶到沟里，企图干伤天害理的事，此时我正带一班人执行任务，发现这一情况后，当即进行制止，解救出这些妇女，并把她们带回驻地保护起来。这件事，对我震动很大，也非常气愤，并向志丹作了汇报。志丹听后也很气愤，说："我们要抓住这件事，在部队里开展教育，改造这些人，我们来自老百姓，再去伤害老百姓，那这支部队就会不战自垮的。"事后，志丹让各部队负责人，狠狠地收拾了那帮家伙。

当我们驻在张皮塬时，得知陇东军阀陈珪璋部第五旅驻在宁县早胜镇。早胜镇离县城30里，离张皮塬仅60里。

甘肃宁县早胜镇今貌

按理说，离敌人主力部队这样近，应该在搞到一些给养后，立即退进子午岭，避开强敌。但是，我们当时误认为正值春节期间，敌人不会轻易进剿的，主导思想是急于扩大革命武装，结果遭到敌人的袭击。

敌第五旅驻扎早胜塬，目的就是保护其既有的地盘，专门对付游击队和其他农民武装袭击的。因此当敌人探得一支三四百人的队伍进驻盘克塬一带后，非常惊慌，便决定趁我立足未稳之际消灭我军。

在阴历正月十四五日，敌人由早胜镇经县城向张皮塬开来，而我们事前却连一点消息也没有得到。等敌人到了我们眼前，我们才仓促应战。

双方一交火，我们就处于被动的地位。敌人的战斗力比较强，有骑、步兵配合作战，而我们的联合部队总共加起来不过一百多条枪，绝大多数人拿的是大刀、长矛，谈不上有什么战斗力。

敌人拼命向上攻，我们也死守着阵地，从上午直打到下午，敌我双方伤亡都很大。下午四五点钟，敌骑兵部队从东塬麻子掌抄了我们的后路。形势非常危急，如果顶不住敌人骑兵，我们就有全军覆没的危险。志丹同志下命令，让大部分部队正面抗击敌人，命令我所在的中队二十几个人阻击骑兵部队。由于我们占据了一个小嵝岘，敌骑兵多次冲锋，均被我们打了下去。但是，敌我力量悬殊太大了，随着时间的推移，我们的伤亡越来越大。最后，子弹打光了，被迫撤离，跳下沟里又上到麻子掌塬，这时天已黑了，才摆脱了敌人。正面抗击敌人的部队，也被敌人冲散，少部分退往深山里。

张皮塬一仗我们损失很大，战后在麻子掌一带收容起来的总共不到一百人，其中主要是志丹带领的游击队队员。赵、唐、贾部的人，大部分被打散，少部分跑到后山去了。

这次失败，究其原因，主要是没有经验，判断有误；其次是战斗力不强。虽说有五百人，但抗击敌人的主要是志丹游击队的一百多名战士，枪支弹药也缺乏。当然，人非圣贤，而且天底下也没有常胜将军，只能是从战争中学习打仗、打胜仗、打大仗。这一仗对我们来说，是一次锻炼的机会，从中学到不少军事常识。


## ○ 职田被迫缴械

联合部队被打垮后，志丹领导我们游击队，于第二天穿过子午岭到达陕西省宜君县小石崖的上畛子，与罗连城民团建立起统战关系，由他供给游击队的生活必需品，使我们休整了二十多天。

这期间，志丹同志想得很多，他认为游击队虽然建立起来，部队给养问题很大，群众对我们部队的性质还不了解，要争取群众的广泛同情和支持，需要一个过程。因此，他经过深思熟虑，准备利用与苏雨生的旧有关系，先争取国民党西北军的番号和给养，使游击队渡过难关，并利用公开身份，扩充部队，伺机打击敌人。

苏雨生，是杨虎城部的警备骑兵旅旅长。1930年，刘志丹同志搞兵运工作时，曾在他部下当过中校团副，两人有过一段交往。苏雨生其人，野心很大，奉命驻扎陕西彬县一带，竭力扩充自己的势力。志丹同志针对这一情况，才决定派人联系的。

我记得，志丹当时是派的马锡五、车衡福两位同志去的。经过多次交涉，双方谈妥，苏雨生答应把我们收编为部属，给了个补充团的番号，任命刘志丹为团长，杨树荣为中校团副，陈鸿宾为少校团副，马锡五为军需，并决定驻防地点为旬邑县职田镇。

1931年4月，志丹带部队开往职田镇。由于有了合法的地位，部队不仅换上了军装，而且还领到了部分生活费。那时，我们说起来是一个团，实际上只有两个连，第一连是魏佑民当连长，刘约三当副连长，第二连连长叫同守孝，只有三四十个人。我当时在一连一排二班当班长。与此同时，志丹同志还派人到子午岭、南梁一带寻找失散的部队。

部队改编为苏部补充团后，志丹派杨树荣同志前往西安，向陕西省委汇报工作，省委听取了汇报后，明确表示同意志丹同志的决定，并给予了相应的指示。随后，陕西省委又派高岗以巡视员身份来到部队，带来省委的书面指示。省委的指示是密写在拆开的《红楼梦》字缝里，放在点心盒里带来的。我看见过这些密写的信件，其大意是说，省委同意志丹的决定，让充分利用苏雨生给的补充团名义，迅速扩大队伍，寻找机会把部队拉出去，打击敌人。

在职田镇，部队活动了三个多月，人员也有所增加。这期间，我们改选了党支部，书记仍是杨树荣，宣传委员由志丹同志兼，我担任组织委员。志丹指示我们要利用暂时稳定的机会，抓紧作好战士的思想工作，发现积极分子，发展党员。那时，我们党的活动是秘密的，主要领导人都是党员，虽然党员身份不公开，但活动搞得还是有声有色的。经过一段工作，战士们情绪比较稳定了，我们吸收了几个党员。此时，党员人数已达到三十多人，这可是一股不小的革命力量，他们分散在各个连、班，起骨干带头作用，尽管后来由于种种原因，有的牺牲了，有的中途回家了，但他们为西北早期革命是作出过积极贡献的。

1931 年夏季到了，由于苏雨生对我们存有戒备，既不好好拨粮，又不按时发"饷"，部队面临吃粮困难、花钱没有的困境。一天，陈鸿宾带一班人到职田镇下塬大地主刘日新家催粮，刘日新惜粮如命，死活不给，战士们气得要命，把刘拉了几下，踢了几脚。刘日新自认为被羞辱，便于当日服毒自杀了。刘日新在旬邑一带是有名的大地主，他的自杀自然引起当局的重视，再加上其家属直接上告到杨虎城那里，杨虎城即命苏雨生严加追查。

苏雨生在接到杨虎城命令后，先以商量军机要事为名把志丹同志召到彬县，立即关押了起来，随后又派一个骑兵团和一个步兵团，突然包围了职田镇，勒令我们缴械。

全团指战员听说志丹被押，群情激愤，纷纷表示要与敌人血战到底。但是，大家又考虑到拼起来容易，也解恨，志丹怎么办？搞不好，敌人会对志丹下毒手。除此之外，敌人兵强马壮，拼的结果只能是全军覆没。杨树荣同志此时前去西安给省委汇报工作没有回来，部队临时负责人魏佑民、刘约三、陈鸿宾、马锡五等同志，经过反复考虑，准备派刘约三为代表与敌团长直接谈判。谈判时，我们提了三个条件：一是立即释放刘志丹；二是不愿当兵的发放路费让回家；三是不准伤害我们一个人，不准搜腰包。我们特别申明，第一条如果做不到，我们宁可以死相拼。敌团长基本答应了我们的条件，但说第一条他做不了主，不过他可以保证刘志丹的人身安全。在这种情况下部队才把枪交了。交枪后，很少一部分人领到路费走了，留下我们七八十个骨干（主要是不放心志丹同志安全）随同敌人一起到达彬县。

职田镇被迫交枪，从表面上看是逼死刘日新引起的，实际上根本的原因，是苏雨生已经掌握了刘志丹领导的部队里有共产党员，怕志丹部队壮大后，对他造成威胁，所以才派两个团的兵力，缴了我们的械。

我们到达彬县后被编为苏雨生部直属运输队。七八十个人，分为两个排，运输队长是魏佑民，副队长刘约三，一排长李锦如、二排长刘景范，驻扎在彬县城外东关娘娘庙里。说起来是个运输队，实际上什么东西也没有运过，处在半受监视半受训的境地。

就在我们到达彬县不久，听说南汉宸、杜斌丞先生出面营救了志丹。志丹出狱后，便只身前往平凉陈珪璋部搞兵运工作去了。

志丹同志为什么会去陈珪璋部队呢？事后他曾告诉我有两个原因：一是在狱中他结识了陈珪璋的副官处长李勤甫。李勤甫是受命去天津为陈珪璋购买驳壳枪，回来路过彬县时被苏雨生抓起来的，并扣了两打驳壳枪。两人在狱中谈得非常投机，成为朋友。李勤甫同志丹一起出狱，他邀请志丹去陈珪璋部，并说要鼎力推荐；二是陈珪璋部有个团长叫刘宝堂，是保安县人，同志丹有亲戚关系。此人虽是老粗，但非常重义气，素来敬重志丹，所以志丹想到他那儿暂停一时，寻找机遇，重新组织部队。

志丹出狱的消息，使我们一颗悬吊许久的心终于落地。大家都为志丹安全无恙而庆幸，同时也在为我们今后积极作准备。

杜斌丞

## ○ 再找志丹

1931 年 8 月，陕西省委得知部队在职田镇受挫，委派史直斋到彬县和我接头，准备整顿部队党的组织。史直斋来后，以一个战士的身份被安排在运输队，负责整个党的工作。因为我是原支部组织委员，所以党内的事都是他和我商量的。开始，我们主要是针对部队思想情绪波动大的实际，作了些思想工作；其次，针对有些干部对革命丧失信心和打骂战士的行为，我们进行过斗争；除此之外，我们还想利用运输队的名义搞些枪支，找过在苏部搞兵运工作的李秉荣、习仲勋同志商量办法，结果没有得手。

不久，我们打听到志丹的消息。原来志丹到达平凉后，经李勤甫推荐，刘宝堂担保，陈珪璋给志丹一个十一旅的番号，让在宁县早胜镇驻防。志丹同志已去早胜，正在那里招兵，扩充武装。

听到志丹的确切消息，我们高兴极了，不少同志说，到底是"老刘"，总有办法。大家不约而同地商量着要逃出苏雨生的控制，到志丹那里去。为了把部队顺利、安全地带到宁县，大家研究决定，让我独自一人先去早胜镇找志丹联系。

我离开彬县，日夜兼程地赶到早胜镇，不巧志丹已不在早胜镇。正当我踟蹰不前的时候，碰到志丹旅驻宁县办事处的人。志丹在这里设办事处的目的，也正是为了收拢部队。办事处负责人叫傅剑寒、赵耀荣，我把我们的想法和计划告诉他们后，他们表示同意，并称要立即向志丹报告。我在早胜镇住了四五天，便返回彬县了。

正当我们积极寻找机会，准备把运输队拉出去时，发生了事变。杨虎城派孙蔚如部趁进军甘肃之机，突然攻打苏雨生部。

军阀火并，百姓遭殃，彬县城内外一片混乱。运输队最后只剩下我们二十多人，被孙部带进城内，强迫当兵。我们既然已知道志丹的下落，当然不会在孙部再继续待下去了。我先把张文元、杨植本、魏长顺、杨彦麟几个党员串联在一起，商量逃跑。大家异口同声，表示坚决服从决定，回到志丹身边。

一个星期之后，我和张文元先借机跑掉，约定杨植本、杨彦麟、魏长顺等人第二天逃跑，在早胜镇集合。从彬县逃出，两天就到了宁县早胜找到志丹。

劫后相逢，志丹非常高兴，我们像离家的孤儿，重新回到温暖的家里，激动的心情溢于言表。志丹告诉我们说："我们正在利用陈珪璋给的十一旅番号'招兵买马'，你们回来太好了，部队正缺乏党员骨干。"接着又询问彬县情况和其他党员的情况，我都一一作了回答。随后志丹让我们先在教导队里集中培训，等待分配。

1931 年 8 月间，正宁、旬邑县境内有股叫李培霄的土匪武装在活动，这股土匪势力很大，有七八百人。志丹同志想以十一旅名义收编这股土匪。经过谈判，李培霄认为满足不了他的条件，因而拒绝收编，撤出正宁到达陕西境内。此时，志丹已召集了包括我们十多个党员在内的四五十人的队伍。

半个月之后，陕北军阀井岳秀部的高广仁团哗变，带七八百人到达宁县境内。高哗变前，早已和陈珪璋挂上了钩，所以他一到陇东，便被陈珪璋任命为十三旅旅长，令其驻防早胜镇。高广仁部队，武器精良，弹药充足，战斗力也强，陈珪璋派刘宝堂带四个连到早胜镇进行收编。在刘宝堂到达早胜镇三四天之后，高广仁突然再次哗变。这次哗变不仅缴了刘宝堂四个连的枪，也顺手牵羊地把志丹十一旅的枪也收了，刘宝堂部的枪械破烂不堪，高广仁只收子弹，枪仍让他们自己背着，并派一个营的兵力，押解志丹、刘宝堂及我们所有被缴了械的人，向合水进发。

路过合水，高广仁率其主力攻打合水县城，激战一天未克，结果反被陈珪璋主力蒋云台的第五旅击溃。高广仁率旧部逃窜至宁夏，投靠军阀马鸿逵。马鸿逵又以欢迎高广仁部归降为名，将高部骗进银川城里，枪杀了其排以上所有军官，自此，高广仁部彻底失败了。

蒋云台部击溃高广仁部后，解救了刘宝堂及其部属，我们也得到解脱。第二天晚上，刘宝堂慌慌张张地来找志丹，说蒋云台找茬子说志丹防务不力，丢失早胜镇和宁县，要逮捕志丹。其实这纯粹是借口，真正的原因有两条：一是蒋云台早就想收编李培霄部扩充自己的实力，没料想志丹先行联系，导致李培霄出走陕西，因此迁怒于志丹；二是志丹率军在太白镇收枪时，打死民团团总黄毓麟，而黄的儿子就在蒋云台手下当连长，这位连长提出要亲手打死志丹"替父报仇"。

志丹得知消息后，便带着马锡五、王璧成同志连夜冒雨进入子午岭，到南梁一带寻找赵二娃、贾生财、杨培盛等旧部去了。由于事态突变，志丹来不及同我们见面，也无法把大家都带走，便把我们交给了刘宝堂，让他把我们带到平凉当兵。志丹还让张秀山同志转告全体党员，要在陈珪璋部队中积极创造条件，寻找机会搞兵变，为革命拉出武装来。


## ○ 投身兵运

1931 年 9 月上旬，我们一行二十几人，随同刘宝堂的部队来到平凉。我和张秀山、张文元、杨植本、杨彦麟、魏长顺、王廷光、常佩青、马福吉等十余名党员，编在一营一连和三连。张秀山因给志丹当过警卫排长，看在志丹的面子上，先给了个班长，后升为排长，其他人都是士兵。

我们虽然分散在各班，但心都是连在一起的，一人有事，大家帮助。但我们不是为了混饭吃才来当兵的，我们的任务是搞兵运。所以，为了便于有组织、有领导地开展工作，在到达平凉不久，我们就成立了党支部。支部书记由张秀山担任，我任组织委员，宣传委员是曹化民

（在一营营部当书记官，湖南人）。当时我们向陕西省委写了报告，汇报了我们开展兵运工作的情况及党员人数。有了支部的领导，大家有了主心骨，工作开展起来也比较顺当。我们又发展了几个党员，党员人数很快增加到十七八个人。

我在的一连，连长是个老粗，是刘宝堂的老乡和亲信，他在平凉就有两个老婆，整天沉溺在酒色之中，对部队的管理和训练一概不管，大小事务依靠一个副连长。我们这帮青年学生，比起一般当兵的，在某些方面是技高一筹。有一次平凉举行运动会，一方是军队，一方是学生，比赛结果，我们一营得的第一名、第二名最多。无论是跳高、跳远、打球、赛跑，我们样样行，张秀山跑 3000 米还得了第二名。运动会上我们露了脸，在官兵中自然受到另眼看待。军官们对我们不敢苛求，士兵们更是愿意与我们交往。我们也趁机给士兵教唱歌，教文化，帮助他们写家信，记口令，以此来联络感情。在朝夕相处中我们以诚相待，使许多人同我们交上了朋友，把第一营的两个连队搞得很有生气。不少非党的班长、副班长还同我们结拜为兄弟。

过去人们把当兵叫"吃粮"，士兵中除被强迫拉壮丁当兵的以外，也有不少是为了混饭吃才来的，因此部队的伙食好坏是士兵们最关心的事情。司务长经常克扣士兵粮饷，中饱私囊，引起士兵们的强烈不满。我们一连有个规定，副班长轮流帮伙。大约在我们来两个月后，我当上了副班长，理所当然地要帮伙。所谓帮伙，主要是负责采购东西。在我帮伙期间，我想方设法尽量让大伙吃好。我经常买豆腐、萝卜、猪肉等，调剂改善伙食，结果我们连的伙食比别的连都好，菜多一倍，花样常常翻新，大家非常满意。别小看帮伙，它能争取人心，树立威信，广交朋友。两三个月之后，一连基本掌握在我们手中，三连也以几个党员为中心形成了一股骨干力量。

由于我们有文化、学东西快，在操练、接受检阅以及运动会中为刘宝堂特务团撑了门面，刘宝堂非常高兴，常引以为荣。其实，他哪里知道我们所做的一切，都是在党组织的领导下进行的。

1932 年 4 月间，谢子长同志被陕西省委错误地撤销了陕甘游击队总指挥职务，派往甘肃省靖远县搞兵变，路过平凉时住在东关的一个小店里。当天晚上，我同张秀山、曹化民同志向他作汇报。子长同志的革命事迹早就广为人知，但我始终无缘相见。这次子长同志来检查我们的工作，我们非常兴奋，都愿意听听他的教诲和指示。子长听完我们的汇报后说："你们的工作是有成绩的，应该按你们的计划，加紧工作，积蓄力量，等待接近陕甘游击队时，实行哗变，把部队拉入革命阵营。"同时他要求我们注意加强抗日宣传，启发士兵们的爱国主义热情。子长的指示对我们鼓励很大，增强了我们的信心。这天晚上，我们谈得很晚，才依依不舍地分了手。不久，子长同志即离开了平凉。

九一八事变后，日本帝国主义悍然侵犯我东三省，蹂躏残害我同胞，在全国激起极大的义愤。抗日浪潮波及全国，就是旧军队中的军官、士兵大多数也是积极要求抗日的。有些下级军官在操练喊口号时，把"一、二、三、四"改为"打倒日本！""打倒倭寇！"针对下级官兵这种爱国主义情绪，我们每个党员都在自己周围作了些抗日宣传工作，团结起了一批士兵。当时陕西省委指示我们，发动士兵要求发饷、发日用品，并在这种日常斗争的基础上，组织士兵罢岗罢操，公开上街游行示威，扩大政治影响，但是我们没有这样去做。这并不是因为我们当时认识了这是"左"倾错误，而是这里党员少，力量不大，如果这样做就会暴露我们自己，党组织就会遭到破坏。陈珪璋虽然是土军阀，时刻想着扩充实力，增加地盘，吞并其他小军阀，也不大关心全国时局，但他对共产党人却是毫不手软，狠毒得很，这是其阶级本性所决定的。我记得陈部教导团有位叫刘耀西的教官，是共产党员，因给教导团的士兵讲了一些马列主义的理论，被陈珪璋杀害了。因此，我们当时的活动不得不小心谨慎从事。

1931 年 11 月下旬，杨虎城派孙蔚如率部联合陈珪璋的新编十三师攻打兰州雷中田部。孙蔚如在平凉留下一个团的兵力，目的是事后消灭陈珪璋部。陈珪璋带主力开赴兰州，留下一个姓汪的参谋长和部分部队驻守平凉。打下兰州后，1932年2月杨虎城令其部在兰州和平凉两地同时缴陈珪璋部的械，并以祝贺攻下兰州为名宴请宾朋，在宴席上当场打死陈珪璋。

杨、陈火并之前，我们支部根据当时的种种迹象，认为他们之间不可避免地要发生一场火并。因此支部决定等仗打开后，趁机把一营拉出去，经宁县、正宁寻找陕甘游击队。这个计划在我们当时看来还是有把握实现的，主要是以党支部为核心的骨干力量已形成，一营大部分士兵在我们掌握之中。

事出不巧，就在起事的前天晚上，张秀山所在的排突然被调往东城门楼，我们其他人住在南城根城隍庙里。秀山走时约定要随时保持联系，两部分人一起走，不要单独行动。但是，等仗打开后，我们就失去了联系。

攻打平凉的是孙蔚如的黄团，装备精良，战斗力很强。平凉守军为了保住阵地，拼命反击，仗打得相当激烈，从头天午夜直打到第二天下午四五点钟。我们想趁机越城墙逃走，又怕丢下秀山同志。决意等他来联系，但始终不见他的踪影，所以只好硬着头皮，苦苦支撑。最后眼睁睁地失去了逃走的机会。这一仗打得非常艰苦。我们原来联络的人，有的被打死，有的逃散了，全营只剩下几十个人。我们连的党员也只有我、张文元、魏长顺、杨植本四个人，其余都被打死、打散了。

兵变计划破产，我们也无须再去拼命了，最后干脆把枪交了。第三天，在大街上碰见秀山，我责怪他不该不联系。秀山说，他们东门楼是黄团重点突破口，一开始就打得很凶，抵抗时间不久，就被打垮了，他来不及通知我们就只身跑出城外了。

这次行动失败，我非常伤心，苦苦工作半年之久，满以为可以成功了，结果还是失败了。行动中，我忠实地执行了党支部的决议。但是，我们对事态变化估计不足，缺乏应变措施，如果当时发现已同秀山联系不上，就当机立断单独举事，总是会拉出一部分人和枪的。这充分说明，我们的革命斗争经验不足。说心里话，自这时起，我对搞兵运工作既感到失望，又有厌倦情绪，总觉得很难达到目的。

## ○ 向往归队

下一步怎么办？我们同秀山一起商量了很久，秀山同志说他要到靖远县国民党军王子元部去搞兵运工作，并动员我们也去。我们没有同意。没同意的原因：一是已知道陕甘游击队由志丹任总指挥在陇东、关中一带活动，我们想尽快归队；二是黄团里有个重机枪连有四挺重机枪，我们当时对重机枪火力很迷信，一心想掌握重机枪的射击技术，待该敌打陕甘游击队时在战场上拉过去。我们的想法秀山同志也表示同意。随后，秀山同志离开平凉去了靖远，我们四人主动到黄团重机枪连当兵。

重机枪连，山东、河南兵多，连长是山东人，行伍出身，对士兵要求很严格。连排长对我们很器重，唯有一排一班长坏得出奇，骂人、打人是家常便饭。我就在这个班当兵。

这个班长，不仅人坏，鬼心眼还多得很。根本不让我们摸机枪，更不让学技术，一天到晚就让干杂活。他整天东游游西转转，专门盯梢、整人，我们想在士兵中做做工作都没个机会。因此，我们几个人商量着要寻个机会治治这个家伙。

这期间，马廷贤部由陇南向固原方向逃窜，黄团奉命开往固原城北黑城岔一带追击。行军路上，四挺机枪让四匹骡子驮着走，每匹骡子前面一个人拉着，后面两个人扶着机枪，不准丢手。这样走一天比空手走三天还吃力。最令人气愤的是，平日里班长连枪都不让我们摸，行军时却叫我们牵骡子扶机枪。走着走着，遇到一段山间小路，路右边是壁，左边是悬崖，中间一条羊肠小道，稍有不慎就会跌进山涧，粉身碎骨。我一看，时机已到，便向其他同志递个眼色，顺势把机枪推下山涧。重机枪摔坏了，班长气得连蹦带跳地骂娘，硬说我们是故意的，我们班里人死不认账，一口咬定是骡子打了绊，摔下去的。连长吓坏了，但他又不敢报告上级，怕被撤职。摔坏一挺重机枪，我们总算出了一口恶气。

马廷贤不战而走，黄团又撤回平凉。此时，班长仍怀疑是我故意破坏机枪的，但又抓不到证据，因而对我一直怀恨在心。一天，他借故骂我，我不服，顶了他几句，他就说我要造反，把我的枪下了，并立即到连部去告状，走时让副班长和两个士兵随后把我押送到连部受审。当时我确实紧张极了，这并不是怕班长恶人先告状，而是怕搜身，因为我身上带有陕西省委的文件，一旦文件被搜出来，不仅我完了，其他党员同志也要遭殃。在去连部的途中，幸好路过一个厕所，我灵机一动提出要解手，副班长同意了我的要求。进了厕所，我迅即把文件塞进粪池，这时，心里的一块石头才落了下来。

连长对我印象不错，但不能不维护班长的面子，便叫来三个排长和一班长一起审问我。审问中班长提出的都是些鸡毛蒜皮的小事，不但让我一一驳倒，我还揭露了他打骂士兵、不服从排长命令等许多骄横无理的事实。班长恼羞成怒，又哭又闹地对连长说："你不相信我，把我撤掉好啦，我不干了。"最后，连长装腔作势地训斥我："总是你不对，要不怎么能把班长气成这样子。"并叫人把我押到通讯班听候处理。到通讯班后，大伙对我都挺好，给我端吃送喝，还让我美美地睡了一觉。第二天，我被分配到六班当兵。

1932年6月间，陈珪璋旧部蒋云台旅由静宁向北流窜，黄团受命堵截，在静宁激战两小时，结果未堵住。这一仗，曹植本战死，张文元失散，我脚部受伤，回平凉医院养伤。

一天，连长、司务长、排长到医院看我，让我到固原（当时黄团已驻固原）养伤。说是让归队养伤，实际上是由于一班长的告状，连长对我产生了怀疑。连长等人走后，通讯员悄悄地对我说，听说发现了你有什么问题，你赶紧逃跑吧。其实我早就想逃跑了，只是脚伤还没有好。眼下情况有变，再不逃跑就得束手就擒了。第二天，也就是负伤后的第 18 天，早饭后，我跛着脚动身了。忍痛步行 40 里后我实在走不动了，便雇独轮车、骑牲口经过泾川、庆阳、西华池，于 1932 年 6 月下旬在盘克塬武乐堡村找到了陕甘游击队。自此，我结束了一年多既艰苦又毫无所获的兵运工作，重新开始了红军游击队的生活。

## 二、陕甘游击队的建立 [①]

从 1929 年到 1931 年春，谢子长、刘志丹为首的一大批共产党员，奉中共陕西省委和中共陕北特委的指示，到陕甘宁各地方军阀部队中从事兵运工作，举行过多次兵变，但大都以失败而告结束。这些不平凡的经历，使广大党员饱尝了失败的痛苦，懂得了利用军阀是暂时的，无产阶级应该也只能依靠自己的力量创造条件，搞革命的武装。正如志丹同志后来说的："陕甘地区先后举行过大小 70 多次兵变，都失败了。最根本的原因，就是军事运动没有同农民运动结合起来，没有建立革命根据地。如果我们像毛泽东同志那样，以井冈山为依托，搞武装割据，建立革命根据地，逐步扩大游击区，即使严重局面到来，我们也有站脚的地方和回旋的余地。"自此，志丹便把全部的心血花费到创建革命军队和革命根据地的事业上了。

---

① 因我在平凉搞兵运工作，陕甘游击队的前半段历史没有亲身经历，因此只能作概述。

## ○ 林锦庙会师

1931 年 8 月，志丹同志在认真总结兵运工作多次失败的教训后，毅然来到桥山山脉中段的子午岭地区，联络旧部于 9 月正式成立起南梁游击队。经过了一段艰苦的努力，南梁游击队很快发展到三四百人，共辖三个营：一营营长赵二娃，二营营长杨培盛，三营营长贾生财。正式成立了中共队委会，刘志丹同志任书记。这支部队成立后，志丹同志总结以往的经验教训，坚持以南梁为中心，依托桥山山脉开展游击活动，开辟南梁游击区；重视对部队特别是领导干部的教育工作；提高士兵的阶级觉悟；严肃军纪，积极开展群众工作；组织小股部队到南梁周围打土豪、分粮食，解决部队的给养，减轻群众的负担。南梁游击队首战二将川，旗开得胜，消灭张廷芝一个骑兵连，缴获战马四十多匹，枪二十余支。接着又击溃了合水县民团的进攻，一时南梁游击队名声大震，敌人惊恐不安，人民群众扬眉吐气，革命斗争形势迅速发展。当地群众编歌颂扬志丹："正月里来过新年，陕北出了个刘志丹，刘志丹来真勇敢，他带队伍上横山[①]，一心要共产。"

1931 年 9 月初，阎红彦、杨重远、吴岱峰等人领导的晋西游击队，为了摆脱强敌"围剿"，西渡黄河，寻找谢子长、刘志丹同志。他们西渡后，先后与陕北特委和地下党组织取得联系，开展游击活动，并使部队迅速发展到

阎红彦

---

① 横山，系指桥山山脉，因此山脉为南北走向，不同于我国的一般山脉的东西走向，所以当地群众称为横山，也称斜斜梁。

百十人，后又联合杨琪、杨鼎、师储杰等两三百人。10月下旬，这支游击队由陕北转移到甘肃华池林锦庙一带，终于找到了志丹同志，于是两支游击队正式会师。10月底，陕西省委派谢子长同志来到南梁，与志丹等同志一起领导这支人民武装。1932年1月，这支部队改为"西北反帝同盟军"。

按理说，南梁游击队和晋西游击队胜利会师，使这支人民的武装如虎添翼，不仅队伍扩大到七百余人，而且武器装备也有了较大的改善，是轰轰烈烈大干一番事业的有利时机。但事与愿违，却发生了本不该发生的"三嘉塬缴枪事件"。队委会以贯彻省委反右倾主义、反调和倾向的指示，清洗部队内部不纯分子为由，缴了包括刘志丹在内的整个二支队三个大队的枪，解散了部队，开枪打死了二支队一大队队长和三大队副队长，并吓跑了一支队队长及一百多名战士，投向杨虎城部。这个事件的发生，使刚刚发展起来的人民武装受到严重的损失。现在看来，这件事"不论是谁的决定，都是不对的"。[1]但是，从历史唯物主义观点来判断是非，亦无须责怪某个组织和个人，这是因为，一是当时我们党还不够成熟，"左"倾教条主义还占据主导地位，这是事件发生的主要原因；二是我们的同志特别是一些领导干部还缺乏革命斗争经验和处理问题的应变能力，难以对具体问题作出正确的分析和抉择。"好在这支部队中许多同志以大局为重，始终坚持革命，为西北革命和红军的发展，作出了重要贡献。"[2]特别是刘志丹同志，为避免革命队伍的分裂，作出了特殊的贡献。

三嘉塬事件之后，西北反帝同盟军改编为中国工农红军陕甘游击队，谢子长任总指挥，李杰夫任政委，杨重远任参谋长，下设四个大队，正式打出工农革命旗帜，公开了陕甘游击队的身份，使陕甘边地区武装斗争进入了一个新阶段。

---

[1]《王世泰传》，甘肃人民出版社2014年版，第37页。
[2]《王世泰传》，甘肃人民出版社2014年版，第37页。

## ○ 血与火的考验

陕甘游击队成立后，就以她无限的生命力，经受了血与火的考验，震慑着敌人，鼓舞着人民，先后打了多次胜仗、为创建照金、南梁革命根据地奠定了坚实的基础，为西北革命斗争谱写了光辉的篇章。但是，由于受"左"倾教条主义的干扰，她经历了种种磨难，在短短的 10 个月内，四易总指挥，受到了不应有的损失。对此，许多健在的老同志无不感到痛心疾首。

陕甘游击队成立之初，根据陕西省委的指示，立即南下开辟新的游击区。从 1932 年 3 月到 4 月底的两个月内，陕甘游击队在谢子长的指挥下，先后攻占了旬邑县职田镇，消灭了民团，捣毁了敌区公所；取得了阳坡头战斗的胜利，毙伤俘敌杨虎城部三百余人；偷袭耀县照金镇成功，全歼了照金镇民团；转战宜君县，消灭了瑶曲镇民团和驻焦家坪国民党军一个连；反"围剿"击退了富平、铜川、耀县民团两次进攻，歼敌二百余人，缴枪二百余支；第一次攻打山河镇未克，遂在正宁县寺村塬新庄子召开农民代表大会，成立了陕甘边革命委员会，选举李杰夫为主席、张静元、唐贵荣（一说为一姓李的农民）为副主席。尽管这个革命委员会还不完善，但她作为陕甘游击队在西北建立的第一个革命政权，则有着极其重要的意义。4 月初，陕甘游击队再次攻打山河镇不下，顺手牵羊消灭了敌增援部队五十余人，为游击队返回寺村塬休整，赢得了宝贵的时间。正在部队休整期间，指挥部接到地下党关于旬邑县城敌情报告。经过研究，指挥部决定抓住战机，奔袭旬邑县城，并于 4 月 21 日一举攻下县城，歼敌三百余人。这是陕甘游击队成立以来攻占的第一座县城，震慑了敌人，鼓舞了人民，激励了广大指战员。

就在这欢庆胜利的日子里，执行"左"倾主义路线的陕西省委书记杜衡来到部队巡视。他无端地批评游击队领导人是"右倾机会主义"，错误地撤销了谢子长同志总指挥职务，调往甘肃靖远县搞兵运工作，并令游击队分几路向敌占区进军。广大指战员虽有满肚子的意见，却敢怒不敢言。后因敌人对游击队开始了新的"围剿"，省委才又下命令将部队集结起来，并任命刘志丹同志为第二任总指挥。

刘志丹同志接任总指挥后，认真分析了敌情，提出寻找敌人薄弱部位，采取攻其不备，各个击破的战术，开展反"围剿"斗争。陕甘游击队在志丹同志的率领下，于 5 月 15 日奔袭马栏镇，歼敌五一一团两个连和民团一部；5 月 17 日在杨家店凤凰山又歼敌五一一团两个连，并一鼓作气消灭了焦家坪民团；5 月 20 日，游击队截断咸榆公路向北进军，先后消灭了宜君县哭泉、大石板的两股民团，并在五里镇歼敌民团一百多人，打土豪、分粮食，镇压了几名罪大恶极的劣绅；随后，部队进入黄陵县，在店头、龙坊镇消灭了几处民团，又向富县吉子岘转移；5 月 27 日，我军与尾追之敌在吉子岘遭遇，经过激烈的战斗，终因敌众我寡，我军不得不全力突围，摆脱了敌人；5 月 30 日，我军又转移到富县宁武镇稍事休息。在这里得知敌军高双成部在宜川县英旺镇一带集结，准备"进剿"我军，志丹决定趁敌人立足未稳，急行军于拂晓包围了敌军，天亮发起进攻，击敌于慌乱之中，大获全胜，取得了歼敌一个营和摧毁一个团部的战绩。接着，部队转战临镇。临镇地势险要，易守难攻，战斗打响后，由于负责牵敌任务的部队未能及时到达预定点而失去战机，致使战斗失利。高岗因贻误战机，带部分人员跑回陕北，引起指战员的不满。临镇战斗之后，部队便向南转移至韩城县。在韩城，志丹同志与当地党组织一起组织群众，建立起韩城自卫军。游击队在韩城的出现，立即引起国民党十七路军的警惕和不安，他们急忙调集兵力对游击队进行"围剿"。志丹同志为避敌锋芒，指挥部队向雨山、香山一带转移，准备利用山区有利地形同敌人周旋。但终因敌强我弱，经过两日激战，我军被迫撤出战斗，几经周折回到甘肃正宁县麻子掌一带休整。

陕甘游击队恢复建制的短短一个多月中，志丹同志运用灵活的游击战术，先后转战 10 个县，打了一个大圆圈，取得了十余战胜仗，打出了游击队的威风，对敌人构成了极大的威胁，其影响波及整个陕甘边地区。但是，志丹同志遭遇到与子长同志同样的命运，被撤销了总指挥的职务。而我历经艰险回到渴望已久的游击队时，也正是阎红彦刚刚接替第三任总指挥职务的时候。

回到游击队不久，我曾看到马云泽同志骑着大骡子去西华池，他是受命与新编警备十一旅曹友参营一连长高鹏飞（地下党员）联络起义事宜。7 月上旬，高鹏飞连在西华池举事起义，又缴了二连的枪，消灭了营部。与此同时，阎红彦率领陕甘游击队一大队和骑兵队前往接应，两支部队在宁县盘克塬胜利会师。会师后起义部队被编为陕甘游击第三大队，高鹏飞任大队长，一大队一中队原指导员阎润品调任第三大队政委。

西华池兵变成功，是我们党在陇东乃至整个西北地区兵运史上的首次胜利。这次兵变所以能成功，主要是和我红军游击队取得了密切联系，得以及早会合，从而避免了过去兵变部队长时间孤军作战，多面受敌，终被打散、拖垮的结局。西华池兵变，震惊了敌人，壮大了我军力量，鼓舞了士气，的确给予了困境中的陕甘游击队有力的支持。

## ○ 盲动的恶果

7 月下旬，陕西省委派李艮到陕甘游击队担任政委。受当时"左"倾错误影响，李艮要求"红军开始演习阵地战和平原战""绝对要打击把红军拘泥和束缚在游击战争中的思想"等框框，是为"改造""整顿"部队来的。

李艮对陕北游击队和当时的战争形势不太了解，领兵打仗没有经验，又卖力地执行"左"倾教条主义路线，使陕甘游击队被敌军围攻，遭受严重损失。当时陕甘游击队，包括新起义的战士也不过四百来人，而且是在距敌人据点较近的开阔塬区活动，敌人随时准备进攻我们，所以我们不能长驻一个地方，而须经常变换驻地，用游击战术和敌人周旋才能生存。李艮忽视了这种严峻的客观现实，提出20天内在五顷塬分完土地，建立根据地。

五顷塬是正宁县湫头塬北端的一个小村庄，只有十几户人家，500亩土地。刘志丹、阎红彦等同志提出当时在那里搞分地运动、建立根据地，根本不具备条件。不幸的是，李艮仅根据指示而脱离当时的客观实际，不听他们的正确意见，反给扣上"逃跑主义""梢山路线"等帽子，加以批判。

李艮召开各种会议，布置分地任务，此时，总指挥阎红彦常是坐在会场的一个角落里低头不语。我们这些党员到群众中宣传、动员分配土地时，遭到群众拒绝，有个老汉对我们说："娃呀，分地是好事，可是我们不敢要。白军、民团一来你们就跑，我们要下地，全家性命难保呀。"这些情况我们如实向李艮作了汇报，仍未奏效，李艮还让我们多学习做群众工作的技巧。

李艮又以拔据点为由，命令部队进攻湫头镇民团驻地王郎坡寨子。王郎坡寨子三面临沟，东面由一条窄崾岘和湫头塬畔相连，东寨门口有一座吊桥。战斗打响后敌人把吊桥抽掉，居高临下用火力封锁了东寨门，我们强攻一天未克，只得撤回驻地。这一仗，我军骨干伤亡较大，弹药消耗很多。至此，李艮提出的分地运动只好作罢。

王郎坡战斗失利后，李艮仍然不考虑部队的危险处境，提出"死守五顷塬，不让敌人铁蹄踏进五顷塬一寸土地"的口号，并命令部队进行"平原战""阵地战"的正规训练，以备抗击敌人。

8月中旬，甘肃军阀鲁大昌部向我游击队发动进攻，我军仓促应战，苦战一天，最后被迫转移到三嘉塬秦曲、狼牙洼村。部队在这里还没来得及休整，鲁大昌部一个团又从西南方向向我军进攻。指挥部命令我们一中队抗击敌人，掩护大部队撤退。大部队转移到牵马塬时，碰上敌人抄后路的骑兵，展开了一场混战，恰遇浓雾弥漫，我军乘机撤退。撤退中损失了部分骡马和大行李，人员大部得以安全撤出。

我们一中队仅有三个班，约四十人，坚持抗击了半个多小时，被敌人截断了退路，最后只得从西面跳沟撤出战斗，直到第三天才在马栏找到大部队。寻找部队途中，我们在山里遇见了伤痕累累的吴岱峰同志。原来他是因所谓的"地主和旧军官出身"，被开除了党籍和军籍，后从正宁北上回家，走到刘家店子附近被鲁大昌的骑兵抓住了，敌人把他的衣服剥掉只剩下一条裤衩，由两个兵押到沟畔准备枪毙时，他突然跳沟钻进梢林死里逃生的。相遇之后，我们大家心里很难过，连忙分出衣裤给他穿上，让他和我们一同归队。

归队后，同志们都用异常惊喜的目光看着我们。原来前几天部队中曾误传强龙光、路文昌和王世泰都牺牲了，并被敌人把头割去领赏了，杨琪同志当时还伤心地痛哭起来。

上述几次战斗失利，一时间，战士们的士气低落，指挥员们义愤填膺，纷纷起来要求李艮总结经验教训。后李艮须向省委汇报工作，离开部队回了西安。身为总指挥的阎红彦，仗没打好，损失很大，起义士兵逃跑很多，和前两任总指挥一样，他也被撤掉了总指挥的职务。

## ○ 艰难的战斗

8月底，中共陕西省委又派谢子长同志回陕甘游击队任总指挥，部队随即开赴耀县照金一带活动。

几个月的连续转战，部队减员很多，战士们疲惫不堪。部队急需进行休整和补充。但是敌人不让我们有片刻的休息，新的"进剿"又开始了。9月初，敌陇东警备九十七、九十八团从正宁、宁县早胜等地自西向东进攻；敌八十六师二五六旅五一一团以铜川为中心由东向西进攻；陕西警卫团和何全升游击支队由彬县、旬邑向北步步逼近；富平、铜川、耀县民团由耀县向西进攻；企图将陕甘游击队"围剿"在照金地区。

9月上旬，我军获悉敌"进剿"计划，子长同志决定率军向南行动，部队在杨柳坪抓住了敌人一个侦探，从侦探口中得知富平、铜川、耀县民团四百余人，正向照金地区进犯。总指挥部决定，部队再由杨柳坪向后山撤退几十里，诱敌深入，然后掉过头来杀它个回马枪。敌人进入照金扑空后，果然上当，认为我们已逃跑而放松了警戒。子长同志抓住战机，指挥我军于当晚直奔照金。次日拂晓，敌人还在梦中，就被我军三面包围攻击。我军在照金北坟滩、柿坪等地将敌民团一举歼灭，缴长短枪三百余支，活捉敌民团头子党谢芳、蔡子发等七人。这次战斗中，我们一中队俘敌最多，缴获最多，我缴到一只英国造大鸡头驳壳枪，在当时可真是得了件宝贝，大家高兴地争相传看。子长同志把俘虏的民团头子交给我班管押，准备将他们作为人质，换取敌人的武器弹药和其他物资，终因战斗频繁没有机会实现这一计划。后来，在部队北上

照金镇今貌

途中，经子长同意，在艾蒿店把他们处决了。

照金战斗结束后，部队即向西转移到安子洼，准备休整一下，结果受到敌何全升部袭击。打了一整天，敌我伤亡都很大，天黑后双方撤退。我军北上到刘家店子又遭甘军警备旅七十八团的袭击，我军奋力抗击，交叉掩护撤退，直到马栏才甩掉了敌人。

9月中旬，陕甘游击队北上到达南梁、东华池一带驻扎。这期间，指挥部研究决定，奔袭只有守敌一个连的保安县城。经过几天准备，部队日夜兼程二百多里，到达距保安县城90里的瓦子川石茆湾宿营，准备次日夜行军，第三天拂晓袭击保安城。但因向导迷路，部队到达保安城东山时天已大亮，原作战计划被打破，战斗由偷袭变成了强攻。战斗中又发现原情报有误，敌人兵力不是一个连而是三个连，致使我军攻击失利，伤亡较大。一大队长高山保同志牺牲，强龙光、高鹏飞等干部负伤。我军被迫撤回陇东，在墩儿梁、八卦寺一带，又遭到高双成部张子英团和高雨亭营的袭击。

部队接连失利，元气大伤，当我军转移到陇东南梁地区的平定川、豹子川时，部队已减员到二百多人了。总指挥部开会决定部队化整为零，分散活动，相机消灭小股敌人，设法筹款解决过冬困难。会后，刘志丹同志带七十余人到合水、庆阳一带活动；杨森同志带五六十人到三原武字区一带活动；谢子长同志带三十余名战士掩护、照料三十多名伤病员，在平定川山中休养治疗；阎红彦、杨重远同志率骑兵队进入照金地区，设法与省委联系。但他们没有和省委联系上，后来于10月中旬，在耀县老爷岭搞到一批物资，解决了游击队过冬的问题。

## ○ 庆阳脱险

志丹带领我们七十余人来到合水、庆阳交界处的黑木塬、塔儿塬、店子湾一带游击，打土豪，搞到一批经费准备过冬。在这期间，志丹派我去庆阳执行两项任务，一是到敌十一旅联络李友竹（又名李树林，中共党员）连，商议搞兵变的事，二是购买制作冬衣的布匹、棉花和一些生活日用品。

出发那天，天刚擦黑，我和杨培盛带百十两烟土和一百多块银元上路了。为避开敌人的耳目，我们朝宿暮行，专拣小路走。两夜之后到了庆阳，进城后，我们先找到地下党员冯世光，他在十一旅陈国斌团三营营部当书记官，我就住在他的营部。杨培盛与一营营长认识，住在一营营部。经了解，李友竹连被派往环县打土匪去了，因而第一项任务便无法完成了。采购物资，是委托冯世光办理的。四五天内，他陆续买到一些子弹、手电筒、擦枪油及大量的布匹、棉花。东西买好后，我们就雇了脚夫、牲口，准备第二天晚上返回。

第二天吃过早饭，我去一营营部和杨培盛商量往回运东西的具体办法。从营部出来，我遇见了李锦如，李锦如原是刘志丹游击队的一名排长，我们在彬县运输队分手后再未见过面。他拉着我的手热情地问这问那，因不知底细，我未敢告诉他实情，骗他说我这两年是在山里土匪里混着哩，这次来庆阳是找一营营长的，想让一营把山里的土匪收编了。

随后，我和李锦如到街上闲转。这天庆阳遇集，街上人很多，也很热闹。我俩走着走着，突然碰到十一旅旅部的崔副官。他曾在刘志丹游击队做过饭，职田镇失败后投奔了他的老同事十一旅旅长石子俊。这个姓崔的鬼得很，早在前几天冯世光买东西时他就有所察觉。他知道我的身份，想把我抓住发个小财。一看见我，这家伙就对和他同行的两个石子俊的护兵说："这就是刘志丹手下的共产党王世泰，把他抓起来。"我当时不由心里一愣，但马上镇静下来，心想一定要先镇住他，便大声喝道："你说我是共产党，你才是呢，我在刘志丹游击队是当兵的，你给刘志丹做饭，天天见他，靠近他，你才是真正的共产党哩。"我边骂边挽袖子，准备动手揍他。那两个护兵看我很凶，又被我的一番话弄得莫名其妙，一时没了主意，愣住了。李锦如一看这情景，连忙对崔副官说："老崔呀，别误会，他是找一营营长来办事的"，说着他把崔副官拉到十几步外的草地上，蹲下去小声说话，大概就是转述我告诉他的那番话。见此情景，我便提高嗓门说："你是吃饱了没事干，胡找碴子，老子肚子还饿着哩。"我边说边朝路边的一个饭馆走去，并对着饭馆门口喊道："堂倌，给我来一斤蒸馍，炒两个菜，四两酒。"这时，我看他们还在低着头说话，并没有注意我的动向，我想：三十六计走为上。快步跨进人群后，我撒腿就向东门跑。到东门口时哨兵见我行色匆匆，喝道："干什么的！"我随口答道："毛驴子跑了，追驴去。"出了城，我更加劲地向东面山上奔去，当我跑到半山腰时，听见城里响起了一阵枪声。我怕敌人追赶，便在离山坡小路几十步远的草窝里藏了起来，等到天黑才动身，一夜工夫就赶到了合水县蒿须堡杨培盛家里。第三天杨培盛也回来了，我才回了部队。后来听说，崔副官带领一排人包围了三营营部，不仅把我们的东西全搜去了，而且把谢子长派李成岚给省委送的烟土和游击队伤员骑的几匹骡子也搜刮走了。

回到部队，我向志丹汇报了庆阳之行的经过，歉疚地说两项任务都没完成，志丹笑着说："人回来了就好。"

随后，志丹又带领我们在这一带活动了些日子，直到 12 月底，各路游击队奉命集结，成立红二十六军第二团，陕甘游击队便结束了自己的历史使命。

# 三、红二十六军第二团的创建

红二十六军第二团（以下简称红二团），是土地革命战争时期，我党在陕甘边区成立最早的一支正规红军。她的建立，曾为创建、发展、巩固以照金为中心的陕甘边革命根据地，作出了重要的贡献。不幸得很，由于王明教条主义的忠实执行者杜衡（后叛变投敌）把持领导权，

1992 年 10 月王世泰"回娘家"——访问中央军委命名为红军团的 65551 部队与部分师、团、营干部合影（前排左七为王世泰）。

致使红二团在建立短短的半年多时间，就由胜利走向失败，给革命造成严重的损失。但是，红二团的作用和影响，深深地扎在根据地人民的心里；红二团的全体指战员，在艰苦卓绝的斗争中，表现出的视死如归的革命精神是永垂的；红二团得以幸存的骨干，从失败中总结经验，吸取教训，振奋精神继续前进了。

## （一）中央来指示

1932 年 4 月 20 日，党中央作出《中共中央关于陕甘边游击队的工作及创造陕甘边新苏区的决议》。决议要求陕西省委，"首先应该从现在的游击队中选拔中坚的有力的队伍编成为经常的正式的红军"，并强调"这是丝毫不能延缓的最迫切的任务"。6 月下旬，党中央在上海召开北方各省委代表联席会议。会议在讨论建立北方苏区议题时，专门研究了陕西工作，确定立即将陕甘游击队改编为中国工农红军第二十六军，任命杜衡[①]为军政委。8 月下旬，陕西省委在西安召开会议，贯彻北方会

---

① 杜衡，陕西葭州（今佳县）人，1925 年加入中国共产党，历任中共陕西省委委员、常委、书记，红二十六军政委等职，1933 年 7 月被捕后叛变。

议精神，决定将陕甘游击队改编为一个团，争取在近期内改编成一个师，番号为中国工农红军第二十六军四十一师第一团，并通过创建陕甘边新苏区及二十六军决议案。9月中旬，省委又制订了《陕西省委关于边区军事计划》。

党中央和北方会议，作出关于建立红二十六军的决定，对于开展陕甘边游击战争，创建陕甘边根据地，具有积极的意义。陕西省委为贯彻中央决定而采取的一系列措施，无疑也是正确的。但是，由于当时的党中央被以王明为首的"左"倾教条主义者所统治，杜衡又是以执行这种错误最为坚决而著称。因此，委派杜衡组建红二十六军第二团，就为这支红军在后来的发展中受阻，最终遭到失败，埋下了祸患。

## ○ 转角改编

1932年12月18日，省委命令陕甘游击队开到宜君县杨家店子集结待命。接着，杜衡以中央北方局特派员、陕西省委书记（杜本人说的，后得知当时他已被免去省委书记职务）身份，由渭北游击队护送来到陕甘游击队。

杜衡来是带着框框的。这个框框代表着省委一些人对以刘志丹、谢子长、阎红彦等同志为代表，多年浴血苦战创建的陕甘游击队的看法。他们坐镇西安遥控，违背客观实际，多次强制陕甘游击队做力所不及的工作，10个月内撤换谢子长、刘志丹、阎红彦等四任总指挥，使一支成立不到一年的游击队，几经挫折，元气大伤。在他们的眼里，陕甘游击队是一伙"乌合之众"；刘志丹、谢子长、阎红彦等领导同志，是"机会主义分子"。

因此，1932年12月22日，杜衡以省委书记和即将上任的红二十六军政委名义，召开党员大会。会上，杜衡首先宣布党中央、陕西省委关于改编陕甘游击队的指令，接着大讲一通"全国大好形势"，最后声色俱厉地历数了刘志丹、谢子长、阎红彦等同志的所谓错误，扣上"梢山主义""逃跑主义""右倾机会主义""反对省委正确路线"等大帽子。言称，必须彻底改组领导班子，当场宣布撤销刘、谢、阎的职务，强令他们离队赴上海中央局受训。

对于改编陕甘游击队为正规红军，指战员无不衷心拥护。但是，硬要给志丹、子长、红彦等同志强加罪名，撤职调离，大家无论如何想不通。特别是多年跟随志丹、子长的老战士，在峥嵘的岁月里，出生入死，患难与共，结下了深厚的感情，他们深知志丹、子长等同志，对党绝无二心。一时，全队议论纷纷，对杜衡表示强烈不满，不少战士偷偷地找志丹、子长诉说。志丹、子长同志，以共产党人的博大胸怀，顾全大局，对战士们晓之以理，让大伙服从党的决定，教育我们千万不能闹事，稳定了部队的情绪。

12月24日，部队开到宜君县转角镇，召开军人大会，民主选举团长，举行改编仪式。选举团长，共进行两次，一次是在党内选举，一次是由军人大会选举。党内选举，提两个候选人，有曹胜荣（中队长，连级干部）和我（班长），我当选；军人大会选举，结果我又当选。接着，杜衡正式宣布将陕甘游击队改编为中国工农红军第二十六军第二团，并当场拿出由毛泽东主席、朱德总司令署名的红军番号任命书。与此同时，杜衡以军政委名义任命红二团各级领导。据回忆：

团长：王世泰

团政委：杜衡（兼）

团参谋长：郑毅

团参谋处长：杨重远

团经理处长：刘约三

团管理处长：杨琪

共青团委书记：师克寿

骑兵连连长：曹胜荣

指导员：张秀山

步兵连连长：李亚夫

指导员：李秉荣

少年先锋队队长：王有福

指导员：魏武

全团共计二百余人，枪支弹药齐备。

1932年12月24日，红二团在宜君县转角镇（今属旬邑县）举行授旗仪式。红二团下设骑兵连、步兵连（次年组建了步兵二连）和少年先锋队。图为今日宜君县转角镇。

这样的改编，广大指战员迷惑不解，但敢怒而不敢言。部分战士表示要离开部队回家。志丹、子长同志以高度的党性原则，用自己的模范行动，影响部队，表示服从省委的决定。子长同志还从党的利益和部队建设的实际出发，建议把志丹同志留下。而我则闹得更凶，表示坚决不当团长，提出两条理由：一是，我虽在军队中干了好几年，一直是个普通的战士、班长，冲锋陷阵可以，不会也没有指挥大部队作战的本领和经验；二是，我的理论水平不高，缺乏掌握全盘、正确贯彻党的方针政策的能力。杜衡听了大为光火，不容分辩地说："这是党的命令。"

我说："不管党的命令不命令，反正干不了！"

杜衡给我作了好一阵思想工作，说："你的团长任命是党委研究的。民主选举的，不干怎么能行？"

作为一个党员，不执行党的决定，这是党性所不允许的。所以，我最后要求道："要我干也行，得把志丹、子长这两个老司令留下一个才行。"

杜衡不懂军事指挥，也怕军心不稳，部队不好掌握，思索了一会儿，问我："你看留下谁合适？"我说："留志丹。"因为子长同志提出过留志丹。

杜衡最后同意把志丹留下来，但不让志丹管军事，给了个政治部副主任的职务。找了杜衡，我又找志丹谈。自从1930年跟志丹参加武装斗争以来，我最钦佩他、尊重他，他对我也很信任，有些问题，我想不通，就愿意找他谈，即使挨一顿批评，也心甘情愿。我对志丹说："你了解我，打仗行，带部队不行。让我当团长，不是那块料。"

志丹笑着说："边干边学嘛！"接着又说，"你打了几年仗，总还是个老兵吧！我要不走，会帮你的。"

听了志丹的话，我好像吃了"定心丸"。事实上，嗣后的仗大多都是由志丹亲自领导和指挥的。志丹同志在受排挤的困难条件下，坚持工作，表现了共产党人的坦荡胸怀和坚韧不拔的革命意志。

随后，谢子长、阎红彦同志被迫离开部队，去了上海。


## ○ 两项任务

红二团成立后，省委决定红二团的任务有两条：积极创建以照金为中心的陕甘边革命根据地；发展壮大红二团和地方游击队武装，扩大苏区，把照金与渭北苏区连成一片，并相机向西路地区发展。红二团坚决贯彻执行了这一决定。

照金，位于耀县境内，是桥山山脉南端的一个突出地带，与淳化、旬邑、宜君、同官（今铜川）四县交界，距离各县城近者六十余里，远者百十里。它北迄子午岭中段，南接渭北平原，东临咸榆公路。这里丛林密布，山峦叠嶂，沟壑纵横，地形比较复杂。土地多为耀县几家大地主和香山寺占有，无地农民多达百分之六十。除此之外，连年灾荒，山东、河南、四川等地逃荒饥民，纷纷而至，人民生活困苦不堪。广大农民有强烈的革命要求，曾不断发生自发的斗争。

从军事角度讲，照金进可攻，退可守，机动性很大。向东，经宜君、同官可截断咸榆公路；向南，经富平、三原、泾阳可出击渭北平原之敌；向西，过淳化、旬邑、永寿、彬县可扼守西兰交通要道；向北，退守子午岭密林可与敌周旋。是个得天独厚的游击战争活动区。省委选择照金作为革命根据地和游击战争的总后方，是不无道理的。

但是，这里也有不利的条件：离敌人的统治中心地区太近，受强敌威胁大；人烟稀少，土地贫瘠，部队兵源不足，吃粮困难。因而，对于红军的扩大和开展活动，带来一定的困难。

## ○ 首战焦坪

为坚决执行省委的指示，拔除照金地区的敌人据点，打开新局面，我红二团首先对周围敌情作了分析。照金周围据点，除陕甘游击队时期摧毁的以外，尚有焦坪、瑶曲、庙湾、柳林、马栏、照金、香山、高山槐等据点。这些据点中，焦坪、马栏属宜君民团占据，余皆为夏玉山（外号夏老么）匪属民团。为了鼓舞士气，打好建军的第一仗，我们决定首战焦家坪较弱之敌。

焦坪民团，害怕我军袭击，平时防范森严，在我军驻守的杨家店子方向山梁上，设有监视哨卡。志丹同志纵观敌情，向我提出采取声东击西的战术，先麻痹敌人，后攻其不备。接着，我们制订出作战计划。

12 月 25 日下午，我命令部队向马栏川反焦家坪方向进军，故作打马栏的姿态，造成敌人的错觉。果然，敌人上当，撤走山梁上的哨卡。而我军则仅行军六十余里，就地宿营。

26日夜，我军突然挥师焦坪，急行军赶拂晓到达，发起攻击。便衣队先行接火，骑兵连一个马冲锋，打得敌人乱了阵脚，敌团总仓皇逃窜。我军一举将敌全歼，俘敌六十多名，缴枪六十余支。战斗进行顺利，士气特别高昂，就连我身边的一名警卫员，也在战斗打响之后，冲了上去。当他背着缴获的三支步枪，美滋滋地回到我身边时，我故作严肃地问他："你的任务是什么？"他吐了吐舌头说："以后再不随便离开团长。"

首战告捷，战士们欢呼雀跃，暂时忘却了几天前的不愉快。但是，战士们哪晓得严酷的现实，将等待着他们。而我，作为一名新的指挥员，深深懂得，这一仗不是志丹亲自指挥，天晓得后果如何。但是，无论怎么说，我总算是经受了考验，从志丹身上又学到了新的东西。

## ○ 开仓放粮

战后，我们迅速撤离焦家坪，经衣食村到香山寺附近。

香山寺，位于照金东北笔架山，建立于唐朝中期。寺内，广厦千间，建筑宏伟，雕梁画栋，精巧别致，回廊曲折，幽静古朴。四周，苍松翠柏覆盖，怪石突兀峭立，山径崎岖蜿蜒，地形险峻独特。是陕甘两省边界闻名遐迩的古迹。寺中有和尚千人，尼姑数十，寺产中良田就达十几万亩之多，贮有大批的粮食和物资。

时值灾年，四方逃难饥民近万人，流落此地，嗷嗷待哺，见红军路过，同声呼救。红军指战员面对这一惨景，无不焦心如焚。基于救灾民于水火之中，经团党委研究，决意进占香山寺，开仓放粮。

红军进入香山寺后，杜衡提出，香山寺距照金只有三十余里，是照金的要隘，在军事上占有重要位置，一旦被敌人占据，会对根据地造

照金香山寺

成极大的威胁，建议焚毁。大家没有表示异议。后又在万人饥民大会上征求意见，并举手通过焚寺的决定。

烧寺，是由红军负责的。分粮，是由渭北游击队组织群众进行的。香山寺的粮食可真多，有二三千石。饥民们分到粮食，无不感谢红军和游击队的恩德。这些饥民，大都在以后的革命斗争中，给予红军有力的支援。

现在回想起来，当时分粮解救灾民不仅正确，而且必须那样做；火烧千年古刹，从军事角度讲，虽说对巩固根据地起到重要的作用，但从保护祖国的文物古迹来说，却带来了不可弥补的损失。

随着斗争的胜利，照金地区党组织，领导群众打土豪，组织贫农会、赤卫军，开辟香山、九保两个地区；红二团向西发展，消灭了照金和旬邑民团一部，使红军区域扩大到薛家寨、照金地区。红军的影响日益深入人心，青壮年农民和灾民纷纷自愿参军，红二团扩建了步兵二连，吴岱峰任连长，高锦纯任指导员，全团迅速发展到三百多人，长短枪三百余支。为了适应革命发展的需要，培养更多的军事干部，红二团正式成立随营学校。校长由李杰夫担任，汪锋同志任政委，学员三十余人。

薛家寨革命旧址——位于陕西省铜川市耀州区照金镇

陕甘边照金革命根据地旧址——照金薛家寨，位于陕西省铜川市耀州区照金镇

部队继续由照金南下，相机消灭淳化铁王镇民团数十人，向通润镇一带出击，进三原县武字区，与渭北游击队会合作战。至此，红二团经过二十余天的辗转游击，划出了照金根据地的南北区界。先后协助组建香山、芋园、照金、旬邑、宜君五支游击队。红军和游击队有了自己的地盘。

## ○ 庙湾失利

在根据地逐渐发展的有利形势下，杜衡头脑开始发热，又把他那一套"左"倾盲动理论搬出来，大讲利用大好形势，打大仗，创造红军的战绩，加快建立根据地的步子，提出"集中力量，一鼓作气地消灭根据地周围的豪绅地主武装"。极力主张红二团攻打庙湾民团。志丹和杨重远等同志，主张暂时不打庙湾，并提出两条理由：一是，庙湾是夏老么的指挥总部，团丁多是惯匪、地痞出身的亡命之徒，占据着险要的地形和坚固的碉堡，目前我们无力吃掉他；二是，夏老么过去和我们有过来往，与游击队保持着互不侵犯、互通情报的关系，曾给我们卖过物资和弹药。如果硬打，势必破坏这种统战关系，给红军活动带来困难，给根据地老百姓带来危害。

这些，杜衡根本听不进去，凭借军政委的权力，强行下令攻打庙湾。我们虽然反对这次行动，但作为指挥员又不能不执行命令。为了把仗争取打好，部队少受损失，志丹和我们制订出作战计划：由志丹、杜衡、郑毅带领主力走捷路，拂晓发动突然袭击，我带骑兵连绕道走庙湾下川隐蔽起来，堵截逃跑敌人，在野战中消灭敌人。

1933年1月17日晚，我军分两路向庙湾行动。由于事先对山路距离估计不足，步兵虽先行出发，拂晓前却未能到达庙湾后山，而骑兵已按时进入阵地。时至早八点左右，战斗还未打响，显然偷袭已失掉机会。突然一声清脆的枪声（可能是敌人走火）划破了清晨的寂静，骑兵连误认为我军已与敌接火，立即发起攻击。

我们的战士，个个都是久经战火锤炼，十分勇敢，一个马冲锋便进到庙湾街里。骑兵连长曹胜荣、指导员张秀山，更是身先士卒，直接冲向敌人碉堡。敌人见我们攻势凶猛，立即龟缩进三个碉堡里，居高临下，阻击我军。此时，志丹带领主力从山上压下来，投入激战。但是，由于我们没有炮，缺乏攻坚能力，虽经多次强攻，终未奏效，部队受到伤亡。骑兵连长曹胜荣同志英勇牺牲，张秀山同志身负重伤，还有几个很好的班长、排长也牺牲了。

下午，战斗仍在继续。面对如此险恶的形势，本应立即撤出战斗，但郑毅不让撤，又重新组织突击队，反复冲锋四五次，结果每次都被敌人用手榴弹压了下来。下午四时，部队被迫撤出。

庙湾一战，打得不好，不但没有拔掉据点，反而伤亡二三十个同志。干部战士对杜衡、郑毅意见很大，纷纷要求检讨失利的原因。战斗失利，本出于决策者杜衡"打倒一切"的"左"倾教条主义错误的指导，但他为了平息众怒，硬是把责任推在参谋长郑毅身上，将郑撤职。郑毅同志曾在冯玉祥部当过营长，喜欢打大仗，不懂游击战术，错误地估计我军力量，使部队受到损失，理应负一定的责任。对此，我身为团长也有不可推卸的责任。但是，杜衡集错误于一人，采取"丢卒保车"的伎俩，也实在可谓道行之深、品质之劣惊人。

撤了郑毅之后，指战员坚决要求志丹当参谋长。我也公开表示，如果不任命志丹为参谋长，我就辞职。最后，杜衡迫于指战员的压力，不得不任命志丹为参谋长。郑毅同志随即被任命为第一连连长，后在一次激烈的战斗中，英勇牺牲。

这是杜衡"左"倾教条主义错误第一次碰壁。

## ○ 跳出合围

庙湾战斗后，红二团返回照金休整。照金地区，连年灾荒，群众生活很艰难，一下子要解决这么多红军的粮秣就更困难。所以，我们经过短期地休整后，决定步兵留下配合游击队组织发动群众，开始建政的准备工作，骑兵连单独向宜君方向活动，伺机消灭敌人，搞些粮食和物资。此时，骑兵连长已由强世卿接任，为了加强骑兵连的领导，又委派团参谋处长杨重远同志兼任指导员。

1月27日，骑兵连离开照金向北开拔，夜间宿营衣食村的半山坳里。半夜，夏老么带民团突然袭击了这里。枪响之后，战士们仓促应战，战马狂奔乱叫，无法展开，只得向后山梁撤退，等部队摆脱敌人，战马已损失过半。骑兵连绕道宁县、正宁返回照金。

骑兵连遭袭击，主要是指挥员轻敌麻痹，选择了不利骑兵战斗的宿营地，如果他们当晚把部队向北再拉出几十里，完全可以摆脱敌人。对此，志丹和我没有追究他们个人的责任，而强调要总结教训。但是，强世卿同志，却引以为咎，坚决要求辞职离开部队，经再三劝阻无效，最后我和志丹同意他回安定县老家打游击，骑兵连长由杨琪继任。

红二团连续出击，促进以照金为中心的根据地迅速扩大，地方游击队相继成立，并主动配合红军作战，威胁着国民党反动统治阶级在这里的势力。他们先后调动骑兵团、警卫团、特务团配合当地民团，以孙辅臣为总指挥，向红二团发动"围剿"。面对十倍于我之敌，究竟应该怎么打，团党委存在着分歧。以志丹同志为首的一方，主张避开敌人的锋芒，跳出照金，到外线寻机作战，调动敌人撤离我根据地，这样可以争取主动；杜衡的意见是，坚守根据地，打防御战。最后，杜衡否定志丹等同志的正确意见，执意把部队拉到芋园，待敌进攻。结果，坐失良机，致使红二团处于被动挨打的地位。

2月4日，敌骑兵团、特务团各一营，协同庙湾民团，分三路包围红二团驻地上芋园和下芋园。红二团被迫进行抗击。敌人火力很强，步枪、机枪、迫击炮弹，像雨点似的射来，眼看战士们一个个倒下，我们当即决定边打边向山上撤退。不料后路又被夏老么民团截断，形势相当危急。幸好，渭北游击队赶到，及时阻击夏老么部队，使红二团顺利地跳出合围。

这次战斗，我们伤亡了一些战士，丢掉了四门"榆木大炮"。"榆木大炮"，是志丹的发明。他看部队没有重型武器，震慑不住敌人，让用榆木做了四门大炮的炮型，外边用红布套上，行军时由骡子驮运。群众看见后，高兴地说："红军有大炮哩！看狗日的民团还猖狂不？"为我们造舆论。当要攻击据点时，就抬出来支着，迷惑敌人，以助军威，起了一定的作用。这次突围丢了。暴露了"秘密"，还真有些可惜。不过，敌人抢"大炮"时，被我们的火力杀伤不少。

芋园战斗，是杜衡"左"倾教条主义错误的第二次碰壁。这次战斗，不仅使我们红二团失掉了作战的主动权，而且使根据地蒙受损失。但是，根据地的人民，并没有被敌人的反动气焰所吓倒。他们在当地党组织和游击队的领导下，采取灵活机动的游击战术，骚扰袭击敌人，搞得敌人昼夜不宁，不久便撤离根据地。

3月3日，红二团返回照金，杜衡离开部队回了省委机关。

## ○ 外线歼敌

为了统一领导根据地各游击队作战行动，中共陕西省委指示，以照金、旬邑游击队为基础，组建陕甘边游击队总指挥部。任命李妙斋同志为总指挥，习仲勋同志为政治委员。3月8日，中共陕甘边特委（以下简称特委）按照省委指示正式成立，金理科任特委书记，习仲勋任军委书记。特委和总指挥部成立后，即开始了巩固地方工作，组织群众、武装群众，开展起轰轰烈烈的游击战争。

3月下旬，红二团转入外线，主动向东出击，打下同官县金锁关，消灭民团三十余人，截断咸榆公路。随后，进军三原县武字区，与渭北游击队会合。我们利用游击队地理熟悉的特点，到处活动，捕捉战机。经侦察了解，心字区北塬住着敌骑兵团一个排，于是我们决定打它一下。战前，我们派游击队在附近打土豪，佯装"溃逃"的样子，边跑边丢东西，有意让土豪去报告，引诱敌人。而我们则把一个连的部队埋伏在敌人必经之地西马道两旁。敌人果然上当，一个排被我军全歼。

4月5日，红二团南下泾阳一带活动。在三原、泾阳交界处，地下党送来情报说，杨虎城要陪美国人安立森（后听说是一名水利工程师）到泾惠渠吊儿嘴参观，估计有一连军队保护。我们认为，机不可失，应该进行袭击。晚间，我们率部队向泾阳游击队驻地西凤山靠拢。在这里我们找到泾阳游击队队长苗家祥一问，才知道杨虎城根本未来，安立森来了，也没有军队护送。

翌日，我们决定一部分骑兵配合泾阳游击队攻打桥头镇，我带一个排和七八个游击队员抓安立森，其余部队由志丹带到西凤山脚下集结。结果，桥头民团闻讯逃跑；我带的战士，在吊儿嘴一个水闸前，抓

1999年战地重访时摄于陕西泾阳吊儿嘴水库（左六为王世泰）

住安立森，缴护渠队几支枪和七八箱炸药。当晚我们返回住地，把安立森交给了泾阳游击队。

捉了安立森，我们准备转移，晚间我安排各连排，提高警惕，以防敌人偷袭。鸡叫前后，部队吃过饭由住地向东出发，行至拂晓，与敌人遭遇。原来，我们捉住安立森，敌人十分惊恐，遂派一个团的兵力，乘汽车围堵截击我军，车上架着重机枪和迫击炮，气势汹汹，企图消灭我们，抢走安立森。由于我军早有警惕，两军相遇，我立即命令一连开火，猛烈的枪弹打得敌人晕头转向。在晨雾中，敌人看不清我们，慌忙后撤，继而组织进攻，我军乘机登上西凤山。敌人看见我们撤出战斗，只好"望梁兴叹"打了几炮，拉着死伤的士兵，由原路返回。

红二团由西凤山过泾河，翻一座大山到淳化县南村堡附近宿营。南村有个堡子，我们原不想打，但堡子里的民团却自不量力地开枪射击我们。志丹下命，二连连长吴岱峰、指导员高锦纯带战士向堡子发起进攻。高锦纯同志非常勇敢，头顶一个筐子，带战士冒着敌人的手榴弹，硬是冲进堡子，把敌人全部消灭了。

离开南村堡，部队继续向西行进，4月13日，在旬邑土桥镇歼敌河工队三十余人。接着，又在彬县龙马、高村消灭了几股民团。不久，部队安全返回照金。

## ○ 民主建政

红二团外线作战取得胜利，扫清根据地边沿地区的许多敌人据点，巩固了根据地；特委领导根据地内各游击队，打土豪、分粮食，组织群众，发动群众，为创建根据地民主政权，打下良好的基础，准备了条件。

1933年4月5日，中共陕甘边特委主持，在照金召开陕甘边区第一次工农代表大会。选举产生了陕甘边革命委员会（后改为陕甘边工农民主政府），周冬至（农民）当选为主席，习仲勋同志为副主席。革命委员会下设土地、粮食、经济、文化教育、内务、肃反等部门。革命委员会机关和赤卫军总指挥部，设在照金。红二团后方基地设在薛家寨，先后成立了红军医院、被服厂、修械所等。被服厂有二三十个女工，她们都是革命斗争中成长起来的积极分子，平时站岗放哨，缝制军服，战时同游击队一起执行任务，曾被人称为红军女游击队。在革命委员会的领导下，根据地相继成立桃渠塬、照金、老爷岭、马栏川、七阶石等乡级革命委员会；建立公开与秘密农民联合会二十几个。自此，苏区幅员扩大到东至耀县王坪坡、胡家巷，西抵七里川黄花山，北迄伍房川、王家沟、断头川，南接老牛坡、高尔塬，面积为5000多平方里。随着革命的发展，以照金为中心的这块革命根据地，几经波折，始终没有被敌人摧毁，一直坚持到新中国的诞生，为革命作出了重要贡献。

照金根据地的建立和扩大，红二团和游击队的迅速发展，与渭北根据地紧密呼应，造成了陕甘边苏维埃运动风起云涌直接威胁西安的局面，人民欢欣鼓舞，敌人惶恐不安。他们再次调集警卫团、特务团、骑兵团和八十六师五一一团，配合旬邑、淳化、耀县、三原、同官、宜君六县民团，兵分四路"围剿"根据地。面对气焰嚣张的敌人，特委和红二团党委召开联席会议，决定习仲勋、李妙斋等同志带领边区游击队，坚持根据地斗争，红二团插入敌后寻机打击敌人，"调动"敌人，粉碎敌人的"围剿"。

红二团跳出照金之后，向西进击，在旬邑地区消灭一些民团，转身北上，到宁县盘克塬武乐堡住了两天。在这里我们遭到驻守西峰镇的敌正规军两个营和几个民团的进攻。志丹考虑敌我力量悬殊太大，不宜交战，决定主动撤离。撤退时，我带骑兵连阻击敌人，掩护部队。敌人火力很猛，用重机枪封锁我们的退路。战斗中，骑兵连新任连长李光明不幸牺牲，其余同志安全撤退。

李光明同志牺牲，我非常难过，这不仅因为他是我延安四中时同窗好友，更重要的是我党失去了一位坚强的战士。李光明同志是延川县人，出身清苦，革命坚决，为人正派，作战勇敢。1933年春，他为找红军来到彬县，受彬县县委指示组建彬县游击队，活跃在西兰公路上，打击敌人，拦截物资，影响很大。后游击队被彬县民团打散，他只身闯进西安城。在西安一家饭馆里吃饭时，不巧被他拦截过的一名汽车司机认出，叫来警察抓他。他冲出饭馆、穿大街、钻小巷、进民宅、翻院墙与敌周旋。后迫于无奈，他拔枪抗击敌人，轰动了整个西安。一时，全城戒严，人们大喊"红军进城了！"搞得敌人惶恐万状。从下午直到夜幕降临，他才摆脱敌人追捕，摸上东城墙，跳出城外，最后历尽艰辛终于找到红军。对此志丹和我表示非常赞赏，志丹曾说："这个李光明胆子真大，一个人敢闯西安城，是个了不起的英雄。"后来由我提议，经志丹同意任命为骑兵连连长。所以，他的牺牲，使我们感到非常沉痛。

5月上旬，部队进入子午岭宜君县上镇子稍事休整。这期间，强世卿听说我们在宜君县上镇子一带活动，带12个人，3条枪（一支驳壳枪、一支手枪、一支步枪），7匹马前来找我们。大家相见，非常亲热。强世卿向志丹汇报了他回安定后，串联几个人，伏击敌伪县长，拉起游击队，自称为一支队的情况。志丹听后，非常满意，并对其工作作了指示。强世卿把7匹马交给骑兵连，我们把他们全部武装了起来，每人发了条枪，补足子弹。这支游击队原番号为一支队，志丹同志认为继续沿用一支队为好，所以没有重给番号。为了加强一支队的领导，志丹决定派杨重远同志担任一支队政委，派马佩勋同志担任副支队长。

待一支队走后，红二团继续西进。部队行至九村庙塬，听说驻守长武县何全升部一个连哗变，也来到附近。于是，我们便派人前去谈判、协调，最后收编了他们。为改造这支变兵，我们曾派许多干部去做工作。但这股变兵，目无红军纪律，旧意识、旧习惯很严重，不安心当红军，常议论逃跑之事。因此，我们便在一个早上，突然缴了他们的械。八十多个变兵，除少数表示愿意革命的留在部队外，余者按我们对待俘虏的政策，发放路费，打发回家。

红二团离开九村庙塬，又在宁县一带活动多日，最后在段家堡消灭民团数十人。与此同时，特委领导游击队和群众，在红二团外线作战的配合下，坚壁清野，骚扰敌人，进行一系列战斗。进入根据地的敌人，在我军民的围困下，吃尽了苦头，很快撤离了。根据地军民又一次粉碎了敌人的"围剿"。

## （二）受挫终南山

在开辟照金根据地的过程中，陕西省委围绕红二十六军及陕甘边的工作，指示其进行了两次改组。改组会议虽然对红二十六军及陕甘边工作作出了一些指示和安排，但对整个革命形势和战略方针未作缜密的研究；对杜衡的错误虽有一定的遏制，但未能在路线上分清是非，以致使陕甘边区革命斗争，陷入杜衡的"左"倾错误之中，从而导致红军非但未完成建立渭华根据地的任务，而且受挫终南山，惨遭失败。

### ○ 错误主张

杜衡由西安二次返回红二团时，正值敌人对红二团和根据地进行疯狂"围剿"之时。面对困难的形势，杜衡完全丧失了信心，极力主张放弃照金根据地。

1933 年 5 月 25 日，红二团结束外线作战的任务，返回照金。在照金北梁，特委和红二团党委召开联席会议，讨论边区工作和部队下一步行动计划。根据高锦纯同志回忆，参加会议的有：杜衡、刘志丹、汪锋、金理科、习仲勋、李妙斋、李杰夫、秦武山、师克寿、杨文谟、高锦纯、李秉荣、惠泽仁、魏武等。因当时敌人离我们很近，我留下掌握部队，未能参加会议。

会上，有两种意见。以杜衡为一方，认为敌人力量大，群众基础差，部队天天跑着打游击，根据地很难扩大，主张南下渭华创建根据地。并提出四条理由：渭华地区有渭华暴动的影响；党的工作基础好，群众觉悟高；人烟稠密，物产丰富，便于扩大红军；配合红四方面军和陕南二十九军，可以切断陇海铁路，直接威胁西安；等等。以志丹、金理科等为一方，反对南下，主张坚持陕甘边根据地，以桥山中段为依托开展活动，发展和巩固根据地。杜衡不等志丹等把话说完，蛮横无理地给志丹等扣上"一贯右倾"的大帽子。对于杜衡形"左"实"右"的夸夸其谈，与会者感到疑惑不解，但又说不出道理来，最后杜衡凭借淫威，硬性通过了南下渭华的错误主张。

会后，志丹同志给我传达会议精神，他神情严肃，用低沉的语调说："会议决定红二团南下建立渭华根据地。"

听到要南下，我也不解，就凭我们几百号人，几百条枪，进入敌人腹地，能行吗？但同样说不出个道道来。接着志丹问我："你的看法呢？"

我当时还很幼稚，想着只要有志丹撑腰，到哪里都一样为革命打仗。顺口说道："你对那一带熟悉，现在会议已经决定了，我只有服从。反正在军事上靠你就行。"

志丹笑了笑，拍拍我的肩膀说："是呀！组织的决定，只能服从，尽力把仗打好。"

其实，志丹那时心情非常沉重，他既为红二团的命运担忧，又为当时所作的错误决定而揪心，只是不便公开说出来罢了。

## ○ 挥师南下

为了确保南下，部队作了必要的调整，把一些伤病员和身体较弱的战士留下来，把多余的武器留给地方。全团指战员共有三百余人，七八十匹战马，几十匹骡子，枪支弹药比较充足。

5月29日清晨，我们召开全团大会，杜衡和志丹在会上作了简短的动员讲话。饭后，部队由北梁出发，挥师南下。

下午，部队到达桃渠塬。桃渠塬村西有条小河，叫桃渠河，村南有座土寨子，无人居住，团部驻扎在村里。

下午四点多钟，部队正在开饭，突然枪声大作，敌人偷偷占领村南土寨，向我军猛烈开火。我听见枪声，一个箭步冲出窑洞，命令司号员康健民用号声调各连反击。志丹随后也冲了出来，一边打一边命令一连冲锋。一个急冲锋，把敌人从寨子里压到桃渠河沟，骑兵连又从塬上俯冲下去，截断敌人的退路，共消灭敌人八十多，缴获大批枪支。这股敌人，是淳化县的保安队，有一百多人。大概因为他们的"情报"不准，错把我军当成小游击队，企图来个偷袭一网打尽。其结果，"偷鸡不成反蚀一把米"，丢下十几具尸体，狼狈逃窜。天黑时，我们清扫了战场，把枪支弹药交给当地游击队，把俘虏交给地方干部，让他们处理。

翌日，红二团由桃渠塬出发，经凤凰山从爷台山和方里镇之间直插下去，行军一百多里，到达三原县二台，与黄子祥、张秀山领导的渭北游击队会合。在这里，二团党委和游击队召开了联席会议。会上杜衡继续奢谈红二团南下渭华的"政治意义和四大有利条件"。渭北游击队的领导同志，对此表示异议，劝阻不要冒此风险。杜衡一意孤行，拒不接受劝阻，强令红二团尽快南渡渭河。

第二天拂晓部队出发，下午到达长坳。在长坳，我们配合渭北游击队打了富平张德润民团。这个民团，是当地豪绅从富平请来，专门弹压游击队的。他们来后，无恶不作，抓走我苏维埃主席孙平章等人，群众无不痛恨。长坳，地形险要，寨子两边都是深沟，易守不易攻。战斗打响后，少部分游击队员和步兵一连两个排从正面攻击，吸引敌人；骑兵连绕道敌侧后助战，部分游击队员从后沟压下去营救被捕同志。结果，敌人把孙平章等人转移了，没有营救出来，二团又急于执行南渡渭河的命令，黄昏时撤出战斗。部队来到寇家庄，没有进村，在庄外场上休息吃饭。饭后，我们准备出发时，杜衡突然提出，他要去西安给省委汇报工作，声称待汇报完工作后，再沿大路追赶部队。志丹和我感到意外：刚刚南下，怎么就要离开部队？但又不好说什么，只得表示同意。于是，把部队集合起来，由杜衡讲话。杜衡向大家重新说了一遍他要回西安的理由，当场宣布，在他离队期间由汪锋同志代理红二团政委。杜衡走时，从经理处长刘约三那里，要了一头毛驴和一些钱，只身离队。事后得知，杜衡并没有直接去西安，而是到了三原县境内。

省委听到红二团南下的消息后，非常着急，认为南下不仅错误，而且会将红二团断送到渭华一带，立刻派省委书记袁岳栋到三原县阻止部队南下。袁到三原正巧碰见杜衡，遂在三原县民众教育馆，与三原中心县委负责人赵伯平、刘映胜召开紧急会议。会上，袁岳栋代表省委对杜衡的错误进行了严厉的批判，其他同志针对杜衡的错误也进行了批评。会议决定，由赵伯平同志通知高陵县支部，在高陵县境拦截部队。遗憾得很，等命令传到高陵支部时，部队早已渡过渭河。

部队离开寇家庄，在地下党的向导下，向高陵方向夜行军。高陵县位于渭河北岸，地势平坦，无遮无掩，水渠纵横，行军困难，这里驻有国民党的正规军，如果不趁夜间偷越，那后果就不堪设想。

天黑极了，战士们拉成一行队列，深一脚浅一脚地穿麦田、绕渠埂行进。绕来绕去，我带的部队和志丹带的人马失去联络。当东方出现鱼肚色时，我们才刚从高陵县南城墙根穿过，抬头望去，城上敌人清楚可见，敌人不知道我们是什么部队，不敢贸然开枪，我们急于行军，也未予理睬。等我们行至高陵县城东古塔跟前，才与志丹一路会合。原来，志丹他们是从城北穿过来的。

## ○ 抢渡渭河

6月1日早晨九点多钟，部队到达渭河渭桥渡口，渭桥渡口，是通往西安的一个主要渡口。渡口高崖上修有一座炮楼，河边驻守二十多个武装团丁，盘查过往行人。他们做梦也没想到红军会出现在面前，所以，当一个团丁从大门出来被我们捉住时，还在莫名其妙。随后，我们逼团丁骗开他们的大门，一枪未放，缴敌十几条枪，夺下渡口。

夏天的渭河，水大浪急，几百人渡河非同小可。岸边有两条船，部队全靠船摆渡，很难在短时间内渡过，况且这里距高陵县城不远，一旦被敌人发现，将迫我于背水一战的绝境，大家非常焦急。

正在这时，河对岸一只小船载着几个人摆渡过来，其中一个人身着长袍，头戴礼帽。斜背一把盒子枪，趾高气扬地站在船头。这人以为渡口边都是他的人，毫无防备。船刚刚靠岸，"干什么的？"我们战士大声问道。"我是团总，薛兆兰。"随着来人的回答声，几个战士扑上去缴了他的枪，捆绑起来。这个薛团总，后来被我们枪毙在渭河南岸的洪庆镇，到死他也没明白，红军怎么会突然降临的。

在这里，我们一方面积极寻找船工，一方面组织骑兵连乘马渡河，占领河南阵地，掩护部队过河。当骑兵连全部渡过之后，大部队和驮骡依次过河。用了将近两个小时，全团顺利渡过渭河。临走时，我们送给船工们两匹骡子，作为酬谢。

部队过河经耿镇，径直向南行军。中午，在灞桥附近村子里，碰上四五十个全副武装的敌人，正在吃午饭，我骑兵连以迅雷不及掩耳之势，一下包围起来，迫使敌人乖乖缴械。敌人看我骑兵连穿的是西北军服装（缴获长武哗变那个连的），误认是王泰吉骑兵团的人，连骂带闹，声言要到西安杨虎城主任跟前打官司。战士们厉声说道"我们是红军"，敌人才像泄了气的皮球，不再言语了。沿途，我们又拦截了由东边开过来的 13 辆拉百货的汽车，缴获部分急用物资，并令其原路返回，以防走漏消息。部队继续向东骊山方向前进。

两天一夜急行军二百多里，人困马乏，战士们疲惫不堪。眼下又临险境，右有西安方向重兵扼守，后有渭河天堑挡道，左有临潼方向的敌人封锁，大家预感前途渺茫，无不痛恨杜衡。

志丹对我说："怎么办？杜衡这个坏家伙，把我们搞到这里来，硬是要我们自己把自己的部队搞垮呵！"

我说："怎么办？干脆咱们带部队原路返回。"我认为原路返回，虽然要受很大损失，但总归比坐以待毙强。

志丹摇摇头说："现在没有别的办法，只能前进，冲出包围，继续向预定的方向进军。"

黄昏，部队来到东骊山山脚下宿营。这里离西安约 50 里，距临潼 20 里，随时可能遭到敌人合围，但是战士们一天一夜没有吃饭，连饿带累，实在无法继续夜行军了。大概因为天太黑的缘故，敌人摸不清我们行动的方向，没有夜袭，所以，我们总算度过了危险的一夜。

当晚，志丹、汪锋和我临时决定召开团党委紧急扩大会议，研究下步行动计划。会上，有人主张前进，有人主张后退，争论不一。关键时刻，志丹同志表现出持重和远见。他考虑：进亦险恶，退亦险恶。进，尚可与敌周旋；退，唯有与敌决一死战。再以党内是非而论，中途返回，胜败都难以分清曲直。最后，他陈述了败于进，而不败于退的利弊，说服大家统一认识，作好克服一切艰难险阻的思想准备，竭尽全力继续完成南下任务。

## ○ 冲出重围

6 月 2 日，一场恶战开始了。拂晓，部队一鼓作气登上东骊山。与此同时，敌警备一旅唐嗣桐部和临潼敌保安团，从另一座山上山。我军战士奋不顾身，先敌数分钟抢占高山头，阻击敌人，掩护大部队向秦岭山区进发。敌人拼命进攻，紧紧咬住我们不放。为了迅速摆脱敌人合围，志丹、汪锋带大部队先行撤出阵地向羊毛山前进，我带骑兵连掩护撤退。沿途，部队又碰到几股民团堵截，我指战员精神抖擞，连续冲锋，杀开一条血路，翻越两座大山，日经五战，行军一百余里，于下午四时多，到达蓝田县的流峪口。我军原计划由流峪口进山向商洛方向突围，但因山口地势险要，有敌许家庙民团把守，无法进山，后改道抵厚子镇穆家塬宿营。尾追的敌人，当夜在距我军十余里的地方宿营。

穆家塬距厚子镇不远，那里驻守民团七八十人。为了防备敌人偷袭，政委汪锋（蓝田县人），利用旧有的关系，派人与民团交涉，达成互不侵犯的协议，为部队争取到稍事休息的时间。

6月3日，我军鉴于翻越秦岭南下受阻，拟东进箭峪口。清晨，部队刚刚行进不到十里，中了当地民团的埋伏。我一连立即反击，打死打伤十几个民团团丁，敌余部逃窜。

部队拉成行军队形，先头部队由随营学校学员和少年先锋队组成，后卫由我带领骑兵连阻击尾追之敌，继续向东北方向前进。行至三十多里的地方，突然与一股民团遭遇。顿时，枪声四起，弹如飞蝗，部队前进受阻。志丹当即命令先头部队迅速抢占右方一个山头，打通隘口。此时，敌人已由山头的另一侧向上爬去。这里地形于我十分不利，右有悬崖，左为峭壁，前后受敌，处境万分险恶。"狭路相逢勇者胜"，我英雄的红二团战士，早已将生死置之度外，发扬勇猛顽强的作风，和敌人展开了血战。随营学校的学员，本是一批干部的后备力量，个个都是经过战火锤炼的英雄，在这关键时刻，班长黄罗斌带领全班战士，硬是凭借不怕牺牲的革命精神和对敌的仇恨，抢先占据了制高点，打退扼守隘口的敌人，先头部队趁机冲锋，打得民团仓皇逃窜。我军转锋向东，经周楚庙、桥南至箭峪口宿营。

夜宿箭峪口，并未脱离险境。敌唐部离我们不到二十里，另据群众反映，渭南守敌韩石本警备师距我们也只有二十多里，华阴、华县、潼关又驻扎着冯钦哉的部队。加之，这一带民团实力较强，敌情仍然十分严重。

6月4日凌晨，我军进入箭峪沟。箭峪沟长达六十余里，沟中石头很多，骡马行走困难，所以部队前进速度很慢。中午，敌人追了上来与我后卫部队接火，战斗十分激烈。好在沟里狭窄，敌人无法展开，我军边打边走。下午四点多钟，当我们进入一段开阔地带，敌人加强了攻势，迫击炮、重机枪铺天盖地而来。为了掩护志丹、汪锋带主力继续前进，我带步兵一连阻击敌人。敌人越攻越猛，我军节节后退，最后强行退至沟右的一座山头。山大沟陡，战士们几乎是爬着上去的。敌人分两路追击我们，一路追击主力部队，一路向山上进攻，就这样一直战斗到夜幕降临。摆脱敌人追击之后，我们便与主力失去了联络。三日后，我两股部队才在青岗坪附近会合。

至此，红二团离开照金已整整一周。一周内，找不到地下党组织，联系不上群众，在敌人连日围追堵截下，孤军作战，全力苦撑。部队虽情绪不衰，但毕竟困难太大了。我们原以为，这里会像照金、心武两区一样，党组织力量强，群众基础好，谁知并不像我们想的那样。连续作战缴获敌人的二百多支枪，反成了包袱，无可奈何，只得将多余的枪支，在箭峪口一火焚之。


## ○ 鏖战张坪

部队在青岗坪休整一天，9日继续南进，四五天之后，到达灞龙庙附近。事先，志丹曾派人给灞龙庙团总李凌云送去一封亲笔信，提出让他保持中立，帮助我们购买些粮食和物资。所以，我们到灞龙庙没有受到阻击。在这里，我们召开了群众大会，筹集了一些粮秣。

秦岭山区的地形十分复杂，悬崖陡峭，道路崎岖，森林茂密，荆棘丛生，部队翻山越岭，穿林涉水，不少战士累垮了，战马驮骡磨坏马掌，得不到更换，成了跛腿马。秦岭山区的气候，瞬息万变，时风时雨，时冷时热，几乎天天有暴雨。暴雨一发，洪水遍地，战士们无处藏身，任凭雨水浇淋，夜间露宿，任凭寒风侵袭。特别是群众对我们不了解，见了我们就跑。进山以后，我们好像鱼儿离开水，搁浅在沙滩上一样，耳目闭塞，消息不灵，甚至连个向导都找不到。这样恶劣的环境，行军已是万分艰难，更何况要时刻准备与围追的敌人搏斗。所以，我们研究把部队于 6 月 15 日带到张家坪，准备另辟蹊径，摆脱敌人。

张家坪在西安至商县的交通要道上，四面环山，梢林密布，东西方向有一条小河流经，公路两旁地势较为平坦的地方，住着十几户人家。当晚，部队宿营在这里。

第二天清晨，山中大雾弥漫，村庄道路一片模糊。早饭后，团党委在村内一个大客店里，召开扩大会议，讨论行动计划。会上，大家分析了当前形势，讨论了以后的行动方向，认为向北向西都是大塬和平坝地区，孤军撤离，根本不行；向东有敌人重兵把守，要冲出突围，敌众

1999 年寻访红二团游击地域陕西张家坪时与当地群众合影（前排正中扶拐杖者为王世泰）

我寡，力所不及。最后，大家意见，向南突围到柞水县，再设法与红二十九军靠拢（实际上红二十九军已不复存在了）。

会议还没有结束，村外就响起激烈的枪声，敌唐旅和地方民团，趁大雾从东北沟里突然打进村庄。听见枪声，干部们立刻冲出店外，回连队组织部队反击。雾实在太大了，等我们冲到公路，什么也看不清楚，慌忙中，我带领吴岱峰、高锦纯的二连和其他连队一百多人，迅速抢占西北面的一座山坡，以树林为依托，集中火力，抗击敌人，掩护部队突围。志丹带一部分人又沿公路向西突围，汪锋同志带一部分人向南突围。突围时，志丹看骡马来不及撤退，曾下令开枪打马，战士们没有执行命令。要他们亲手打死与自己朝夕相处的战马，战士们实在不忍心啊！敌人看见狂奔的战马，蜂拥而至，争抢马匹和军用物资。骑兵连长杨琪有匹大白马，平时最为爱惜，每到一地，人不吃饭，先要喂马。这匹马也很奇特，只认杨琪，不认别人，特别是生人近身，它又咬又踢。一个敌兵想捉大白马，被马咬断一只胳膊，结果这匹马被敌人开枪打死了。

吴岱峰

我和吴岱峰、高锦纯带领战士们居高临下，拼命阻击敌人，击退敌人多次强攻，争取了时间，使志丹、汪锋同志带的部队，在上午分别都突围了出去，但我们却一下从北山上撤不下来。战斗在继续，直打到天黑。敌人夜宿张家坪，我们退至半山露营，等候突围部队的消息。

第二天八九点钟，敌人组织大约两营的兵力，向我们占据的山头再次发动猛烈进攻。敌重机枪疯狂扫射，迫击炮弹在阵地上接连爆炸，战场上大火熊熊，硝烟弥漫，枪炮声，喊杀声，混成一片。我军被迫沿大台子山、瓦房沟节节撤退，最后从灞龙庙南山向东穿插，抵洛南县两岔河一带，才算脱离敌人。

事后得知，汪锋同志带六七十名战士从界牌沟突围，翻越北沟、新店子、鸭峪到达窄峪川的卡房。后因敌人追来，转由半沟向野竹坪、葛牌镇行动。途中，多次与地方民团遭遇，战士伤亡很大。当他们突围至甘家坪时，只留下随营学校队长赵启民等六七个人。最后，汪锋同志也负了伤，留在当地养伤，其他同志化装成农民，分散出山。

志丹同志带领部队沿公路突围几公里后，调头上了南山，到兰桥一带，又由兰桥向北辗转于深山密林之中。志丹牵挂着失散的同志，几乎每天都派人外出联络，结果只有派出的，没有回来的。是这些战士不忠诚、变节了吗？不是，因为我们的战士多是陕甘边区的人，对这里地理极为不熟，加之，部队整日流动，没有固定的地方可找。就这样，他们在密林坚持了二十多天。

一天，志丹把战士们叫到一起，说："看来，一时也找不上其他同志，现在我们吃没吃的，喝没喝的，再继续下去恐怕都得困死在这里。'留得青山在，不怕没柴烧'，每个战士都是一颗革命的种子，我们要想法分散出山，回照金重整旗鼓，再搞革命。"听了志丹的一番话，大家都不愿意离开，说要死死在一起，要活活在一块，志丹好说歹说，才把大家说通，让大家埋了长枪，带短枪分散出山，这时志丹身边只有十几个人了。随后，为了行动方便，志丹又让杨树荣带走七八个战士，他决意留下继续寻找失落的战友。

志丹带骑兵连指导员惠泽仁、一连二排长贺彦龙等七八个人，在山中转了好几天，来到箭峪口东边的石头峪，准备从这里突围出山找地下党。当晚，他们住在一个草庵子内，半夜遭到敌民团偷袭。贺彦龙为了掩护志丹，壮烈牺牲，惠泽仁等人与志丹失散，志丹只身躲进深山。后来志丹在山中遇到少年先锋队副队长蒲永胜，两人结伴一直流落在山里。

我带部队突围到两岔河北山后，把部队重新进行了整编，保留二连番号，补充了战士，仍由吴岱峰当连长，高锦纯当指导员，余下的人直属团部领导，由杨文谟负责。在这里我们活动一个多月，部队经常没有吃的，没有宿营地，生活非常困难。两岔河驻扎着民团，他们了解到我们的困境，企图趁机收编我们。开始，他们派两个团丁和我方联系，后来又来个小头目。我们当时的确困难，百十号人集结在穷乡僻壤里，想打个土豪都没有的，吃饭就成大问题。同时，不知道志丹、汪锋两部分人的下落，一时无法把部队带走。所以，也想拉上关系，利用他们渡过暂时困难。我派高锦纯同志为代表同他们谈判，提三个条件：一、双方保持友好；二、民团负责供应我们粮食和物资；三、若敌人正规军来了，要迅速通知我们。他们的条件只有一个，那就是要收编我军。我当时考虑他们要收编我们未免胃口太大，虽说我们受挫，但战斗力远比他们强得多，他们哪有力量收编我们，便佯装同意，说道："收编可以考虑，但你们必须答应我们的条件。"民团答应了，并派团丁和部分群众给我们送来粮食和一些日用品。时隔不久，民团发现我们按兵不动，没有接受改编的迹象，觉得受骗上当了，就不再送东西，想打我们，又打不过，只好加强戒备，龟缩在镇里。我们为了赢得暂时安全，也没有主动出击他们。

此期间，我曾先后派出十多人次，寻找志丹和汪锋同志，都没有消息，心中万分焦急：作为一个团指挥员，找不到志丹和政委，不仅向党无法交代，而且从我们多年结下的战斗情谊来讲也不忍心。所以，我暗自下定决心，再苦再累，再难再险，也要找到他们，并以此激励战士团结一致，坚持斗争。

当然，十个指头并不一般齐。部队中，害怕艰苦，偷偷离队当逃兵的有，因慑于敌人淫威，当可耻叛徒的也有。记得有一个排长，曾悄悄网罗六七个人，投靠了两岔河民团。

## ○ 寻找志丹

南征以来，几经劫难，部队不断减员，加之，天时地利无一不对我军构成威胁。白天，战士们隐蔽在梢林里；夜晚，下山在老乡家找点东西吃。本地老乡非常好，但他们生活太苦了，想接济红军又无能为力，只好挤出一些苞谷面和洋芋送给部队。战士们经过一个多月的艰苦战斗，衣服破烂不堪，几乎遮不住羞丑，鞋子烂得无法走路，有的干脆打赤脚片走，竹桩、树茬扎破脚板，用破布一裹，继续行军。不少战士在饥饿和疾病的折磨下，遗骨终南山中。我的警卫员党占敖，曾是个体格健壮的小伙子，此时也瘦成一把骨头，连路都走不动了。

面对这无情而又严酷的现实，我同吴岱峰、高锦纯、杨文谟同志商议，准备让部队压枪（埋枪）分散出山回照金。于是，我们便把战士们集合起来，宣布决定。会上，我说："这次失败，是我们领导上的路线错误，让大家吃尽苦头。现在如果继续这样上不着天，下不着地地藏在山中，将会全部冻死饿死在这里。与其坐以待毙，不如分散回照金，再树大旗。"接着，我又讲了如何出山，如何过封锁线的具体意见。

听了我的讲话，在场战士全哭了。患难与共的战友，情深意长，谁愿意离开战斗的集体？但是，不分散出山又有什么良策？大部分战士不得不挥泪而别。我身边只留下吴岱峰、高锦纯、杨文谟、曹士荣、马宜超等18位同志。我们把战士们留下的枪支，分两个地方埋入地下，为了防止敌人挖枪，将枪身和枪栓埋入异地。

随后，我们一行沿石头峪方向，继续寻找志丹、汪锋。我当时设想：志丹、汪锋同志肯定没有被敌人捉住，捉了敌人会大造舆论的；也不可能遇难，遇难了风声会更大的。

在石头峪后山，我们整整转了四五天。一天，我们在后沟两户群众家，正做饭吃，哨兵急急忙忙跑来报告说，北面山豁口有人影活动。

我随即派一个班长带两个战士前去侦察。对面山上的人看见我们的侦察员，不答话也不躲藏。侦察员便高声喊道："你们是什么人？"对方仍不回答。

"我们是王世泰的人，是自己人你们就下来。"侦察同志看对方只有两个人，想着可能是流落的战士，大胆地再次喊道。

那两个人听说是我带的人，连忙向山下走了几步，说："如果是王世泰的人，请王世泰出来答话。"

此时，我已来到半山坡，当即向对面喊话，并用望远镜观察。一看，真是喜出望外，原来是志丹。

志丹听见是我的声音向山下走，我和其他同志向山上迎，战友重逢，个个激动得热泪盈眶。这泪水，包含着心酸，包含着喜悦。大家回想起一个好端端的红二团，如今只剩下这么几个人，谁能不心酸！但是，不幸中之万幸，总算找到了志丹。

在老乡家，大家给志丹他们搞了些苞谷糊糊吃。我怕把志丹吃坏，直叫少吃些、少吃些，真是"饥不择食"，志丹一顿吃了几大碗，最后几乎连路都走不成。志丹身患疾病，辗转深山老林中，身体完全垮了。在山中多亏蒲永胜找吃、找喝，搀扶行动，他才一直坚持到同我们不期相遇。所以，志丹指着小蒲对我们说："我能活着下来，全凭这个娃娃。"我向志丹详细汇报了埋藏枪支，分散战士出山的问题，志丹说："我也是这样做的。"他认为，这种做法没有错。

## ○ 灞龙遇"险"

找到志丹我们又为汪锋同志担心，不知他的下落如何？经研究，同志们认为汪锋率部突围的方向与我们相背，一时恐怕不容易联系上，汪锋同志是当地人，对这里地理比较熟悉，关系也多，可能会安全脱险的。因此，志丹决定我们先行返回照金。

傍晚，天气突变，乌云翻滚，电闪雷鸣，滂沱的大雨足足下了四五个钟头。山洪裹着泥石，发出惊人的巨响，一泻而下，冲出条条深沟。我们为了躲避山洪，在山坡上爬来滚去，个个浑身水淋淋，成了泥人。暴雨转为中雨，山风骤起，冻得大伙浑身发抖，牙根打颤，全身血液好像凝固住了似的。劳累、饥饿、冷冻一齐袭来，大家冻麻木了，连话都不愿说一句，索性横倒竖卧地躺在山坳里。

过了一会儿，我强打精神，活动活动腿后站起来，心想这样下去，不等天亮非冻死人不可，就让几个年轻人起来拾柴架火。提起架火，大家才想起随身携带的火柴，早已湿透心了。幸好，马宜超心细，带的火柴用油布裹着，还能用。几个人，从山坡上拾来些碎柴，折些松树枝，一时就聚起一大堆。雨不停地下着，大家用布把雨遮着引火，柴太湿只呕烟不着火，马宜超急中生智，撕下几页地图，点着几顶破草帽，费了九牛二虎之力，终于把火引着了。火越烧越旺，大伙心里有说不出的高兴，紧紧围在火堆旁取暖、烤衣服，情不自禁地说："一堆大火，救了十几条命。"

天亮，我们继续西行，三天之后又转回到灞龙庙一带。几天来，我们每走一处，就打发几个同志分头出山回照金。在马宜超临走时，志丹还写了个条子，让他顺路带给薛增平。最后，只剩下志丹、岱峰、锦纯、士荣、杨文谟和我六个人。那时我的主导思想是，宁肯牺牲个人，一定要保证志丹安全回照金。因为党需要志丹，陕甘边区的人民需要志丹。如果志丹有个三长两短，我们这些人怎么向党交代？所以，我认为六个人，目标还是太大，在灞龙庙北山又把岱峰、锦纯两人动员走了。

当我们走到灞龙庙北山一个山头上时，马宜超和薛增平还有两个团丁找了上来。薛增平，原是渭华暴动时的大队长，志丹早就认识，渭华暴动失败后，逃到灞龙庙安家落户。我们在青岗坪时，他曾找过我们，志丹让他带一连二排长高照，一同去找地下党，并给了一些钱，让给买些日用品，结果再没有回来。这次志丹送信找他来，还是想通过他了解情况，争取尽快与地下党组织接上关系。所以，薛来后，志丹和我把上述意思告诉了他。薛增平听后，连忙说找关系好办，让先到他家休息一阵。我和志丹不同意，他拍着胸脯担保，说绝对不会出问题。最后，志丹同意去，因他的身体太虚弱，胳膊上长有毒疮，确实需要找个地方休息休息。在这里，我们打发马宜超走，宜超要求同我们一起走，我给他做说服工作，说他脚上有伤，一起行动不方便，还是单独走的好。马宜超虽然不高兴，但为了革命的利益，仍执行了命令。

傍晚，薛增平领我们到沟底一户人家吃饭、住宿。当时，我们以为这里就是薛的家，便将岱峰、锦纯留的两支驳壳枪、一个望远镜交给他暂时保管。多日来，大家没有好好睡过安稳觉，所以一觉睡到第二天九点多。吃早饭时，我们见几个招待的人非常殷勤，不像普通老百姓，便问薛："这里到底是谁的家？招待我们的人是谁？"薛说是庄户老百姓，招待的人是这里的民团分团总和两个团丁。听了薛的解释，我大吃一惊，不由自主地抓住枪柄厉声问道："你说到你家，为什么把我们带到这里来？"薛慌忙回答："这个分团总是我的好朋友，不用害怕。"说着就把分团总叫来当面介绍，指着志丹说是参谋长，指着我说是王团长。

此时，我非常生气，心想：这个薛增平哪像个自己人？是自己人怎么能随便暴露我们的身份呢？便向志丹、士荣递出作好应急准备的眼色。正在这时，从灞龙庙民团来了个排长，说是要买大烟。工夫不大，灞龙庙民团总的大儿子也来买大烟。他一进门就冲着我们叫"参谋长""团长"，说是在灞龙庙的群众大会上认识我们的。经过一阵寒暄，他们相继离开。

面对突然变故，我们感到问题严重，建议志丹马上走。志丹同意，但又说："这里的人大多都是'红枪会'的人，不能打出去，只能用计走。枪一响，周围村庄的人会很快把我们包围起来的。"接着，我俩商量了具体对策。我把薛增平叫到另一间房子，对他说："你是个党员，又参加过渭华暴动，志丹和我相信你。希望你不要做出违背党的利益的事。"薛听出我话中有话，急忙解释说，他没有叛变革命，分团总确实是他的朋友，把我们介绍给团总是出于礼貌和习惯。之后，灞龙庙李团总打发团丁来找薛增平回去商量事情，薛即向我们告别。自此，我们再也没有见到薛增平，解放后听说1934年被民团枪杀了，至于为什么遇害，迄今不得而知。薛走后，志丹把身上仅有的十多元钱，交给两个团丁，让其给我们买些衣服和鞋，借机把团丁支走。

午后，天上无一丝云彩，房内像蒸笼样闷热。为了寻找摆脱险境的办法，我的心情比天气还要火烧火燎，急得浑身冒汗。这家主人，看我时出时进，坐立不安的样子，说："天这么热，村后有棵大核桃树，你们可到那里乘凉去，这里有张席，拉去铺在树下就行。"我向老乡点头说："好，好！"顺手拉着席到村后看了看地形。回来我向志丹汇报，谈了自己的设想：由志丹和杨文谟对付分团总，曹士荣掩护，我断后，设法离开这里，志丹表示同意。

我们前脚出门，分团总后脚就跟出来。还没等到村后核桃树下，志丹和杨文谟就动了手。分团总是个五大三粗的人，力气很大，志丹和杨文谟还抓不住。我一个箭步冲出去，照分团总肚子就是一脚，几乎把他踢倒，趁势扭过右臂，用枪顶在他的后背。分团总直喘大气，挣扎着想要分辩。我告诉他："我们说话是算数的，决不伤害你，只要你把我们安全送出村。"分团总连连点头，嘴里发出一串串"哼、哼"声。接着，告诉他不要暴露我们，否则没有好下场。志丹顺手递给了一把水烟袋，让他拿着，装着送客的样子。因为这里的习惯，有身份的人讲究抽水烟，一般总是烟袋不离手，即使送客人也如此。

走着、走着，迎头碰见两个青年学生，他们看见我们提着枪，押着人，吓得撒腿就跑。怕走漏风声，志丹和杨文谟追上去抓了回来，叫他们乖乖地跟我们一起去。分团总是个聪明人，装得还真像，走村过户时大摇大摆，不时和熟人点头招呼。

过了好几个庄子，我们跑出七八里地，才在一座山豁口上坐下休息。大家暗自庆幸，脱离了"虎口"，因为那里离敌人民团总部太近，一旦被包围，几个人插翅也难飞。在这里，我们要了学生娃娃的两把雨伞、两顶草帽、两件棉衣、一个褡裢和几十个馍馍，折价五块银元，让分团总支付。分团总满口答应，说回去后一定照办。学生的东西，还真救了急，馍馍充饥，雨具挡雨，一件棉衣固定给志丹穿，因他身患疾病，身体垮得严重，一件我们几人轮流穿或放哨时穿。现在想起来，那个团总未必就是坏人，但在那种环境下，是好人也得委屈他一阵。

1988 年在甘肃礼县与老同志董邦合影（左为王世泰）

## ○ 高塘找党

辗转终南山两个多月，仍无法脱离险境。志丹一天天消瘦下去，让人揪心。当务之急，北出高塘塬，寻找地下党，以期得到营救。

我们先由山间大道下沟，转而登上西山，顺山梁向北走。大约两天之后，偶然碰见少年先锋队指导员魏武和队长芮四。大家一起在山中转了五六天，最后在箭峪后沟东山坡上，找到一户人家。

说是一家人，其实只有一位六十多岁的老大爷。老人知道我们是流落红军后，非常热情。虽然他孤身一人，生活清苦，仍设法给我们搞吃的。我们非常感动，亲切地叫他"大爷"。

几天后，老人家告诉我们："两天来，前源山上总有人，样子像打柴，但又不打柴，总是这看看、那转转，好像是在找人。"

"您老碰见过他们？"志丹急忙问道。

"今天还见的。"老人说。

"他们问你啥来着？"

"问有没有看见红军。"

真假一时难辨，我们告诉老人以后再碰见问的人，就说有几个红军，来无踪，去无影。为了防止意外，当天我们离开老人，向另一座山转移。

第二天晚上，我们又来到老大爷家。老人说碰巧今天他又见到那些人，并按我们告诉他的话，给来人说了。来人说，想见我们，表示明天还要来。根据老大爷提供的情况，我们判断八成是自己人，当然也不排除是敌人的密探。因此，决定见面试探试探。

翌日，双方见了面，但我们没有暴露真实身份。来人说，他们是地下党派来营救红军出山的。我们提出，让派名负责人带上组织介绍信再来联系。这并不是我们不相信同志，是几个月的沉痛教训，搞得我们不得不小心从事。

果然，他们派来个负责同志带着介绍信来了。信中写到他们是奉省委和渭南县委的指示，寻找刘志丹和王世泰的。

"同志"这个词在平日里，人们很难切身体会到它的含义，患难中听见一声"同志"，真是催人泪下。当我们紧紧握着手，互叫一声"同志"，浑身的血液仿佛沸腾起来，变成一炉炽热的大火，暖烘烘的，个个眼眶充满着泪水。我们从心底情不自禁地呼喊着："党啊！您无时无刻不惦念着自己的儿女。"

有了向导，我们连夜下山，天亮前到达黄辘口。地下党的同志，十分热情，他们把掩护志丹视为是无上光荣的。尽管他们的生活不富裕，但为了让我们尽早恢复体力，千方百计地给予照顾。几个月非人的生活，搞得我们不像人样。他们又是给剃头，又是给换衣服，忙前忙后，关怀备至。

记得我们住在一个党员的板楼上，每天由他家里人端吃端喝。我们是些饿人，一顿都要吃四五碗饭。一天，听到女主人埋怨说："这都是些什么人嘛？吃得这么多。"那位党员悄声说："都是好朋友，以后再不准胡说，没粮我想办法。"难怪，如此饭量，谁都受不了。志丹告诉我们，要体谅地下党同志的难处，注意节食。随后，我们便分散到各家去吃住。

## ○ 消灭"里绅"

在黄辘口住了十几天，干了几件事：一是向地下党的同志告诉了薛增平的情况，让他们设法把寄放的枪支和望远镜要回来；二是我和曹士荣带五名地下党员，晚间进山找埋藏的枪支。找了一夜，只找到32个枪栓，枪身找不见。原由吴岱峰同志埋的枪干脆找不见地方；三是除掉了恶霸宋宗武。在此期间，黄子文同志奉省委命令和我们接上关系，我们先后把魏武、芮四单独打发走了。

宋宗武是当地一霸。民国初年，这一带称为"光修里"，他当过"里绅"，所以后来他虽当上团总，人们仍习惯称他为"里绅"。这个"里绅"，欺压百姓，鱼肉乡里，飞扬跋扈，无恶不作，百姓恨之入骨。特别是渭华暴动失败以后，他带领团丁，到处捕捉起义农民，迫害起义人员家属的累累罪行令人发指。所以，地下党的同志请求我们除掉这个两手沾满革命烈士鲜血的刽子手。

起初，我们不同意这样做，主要是怕给地下党同志带来灾害。地下党的同志坚持己见，有的说着说着失声痛哭起来。最后，我们经再三考虑同意了他们的要求。

宋宗武住在宋家斜，独门独院。前院有五间大厅，东西各有五间厢房，后院有房若干间。宋宗武和新娶的小老婆住在东房，宋母和宋妻住在西房。动手那晚，天很黑又刚刚下过雷雨，村内一片寂静，几乎没有行人。行动分工是：黄子文负责搞些钱，顺便把西厢房宋母她们住的房门锁上；我和士荣两人进宋的卧室除害；地下党七八个人，埋伏在院外接应。

晚十一时许，我和士荣、子文三人搭梯子上了西厢房，只见宋宗武房中灯还未熄，好像有人在说话。我们当即跳进院内，向宋的房子冲去，我一脚把门踹开，闪身跳到一个墙角，用枪指着宋宗武大喊："不准动，动就打死你！"

宋宗武吓得浑身发抖，一手提着刚刚穿的裤子，一手高高举起。我上去一把扭住他的胳膊，按在炕边。叫曹士荣拿绳子来捆，谁知士荣从房上跳下时把绳丢了。慌忙中，黄子文又忘记了锁西厢房门。宋母听见响动，从西房跑出来扑到宋的身上，死死抱住不放。宋母是有名的"母老虎"，又哭、又喊、又跳、又闹，不让抓人。宋的大老婆此时，也上了西房，扯着嗓子喊叫："救命呀！救命！土匪抢人哩！"我让曹士荣出去找绳子，被宋妻一瓦把灯打灭了。我用枪顶着宋的脑门，低声地说："我们是过路客，与你无冤无仇，'打狐狸为的是一张皮'，只要你识相，把钱拿出来就行！"宋宗武连忙说："我给钱，给钱。钱在柜子里，钥匙在我身上。"

这时，村子里已经乱套，不明真相的人，以为真是土匪进村抢劫，都起来了，大喊"土匪进村了！"有枪的人家，还乱放起枪来。此刻，我意识到再不撤就有危险，便松开手退至门口。回手朝宋妻喊的方向，"砰！砰！"就是两枪，那女人一声未叫便倒在房顶上。当我一回身，只见宋的小老婆扑上来，企图关门。说时迟那时快，我一脚踢翻宋的小老婆，甩手朝宋打了一枪，正好打中宋的右眼。我怕不保险，又在宋的左肋下补了两枪。这一切都是发生在几秒钟之内。正在这时，我听见黄子文在院中喊道："赶快撤！"便顺手从衣架上抓起几件衣服，跑出宋家大门，到村头庄稼地里与接应的同志会合。他们问我："把人打死了没有？"我说："打了三枪，必死。"我问黄子文把钱搞到没有？黄说没有搞到。我想返回去搞钱，大家说太危险不让去，于是我们便神不知鬼不觉地回到住地。

第二天，地下党的同志伙在人群中，查看了现场，回来说宋宗武当场毙命，打宋妻的两枪，正巧打在两个奶头上，前半天才死，打宋时有一枪误伤了宋母。他们还说，村子里有人议论是报复杀人案，说宋新娶的寡妇小老婆是方圆几十里的"美人"，可能早和别人有奸情，现在被宋霸占，才下的毒手。

志丹听后，笑着说："好！你们就大造奸情谋杀的舆论，这样既可掩盖政治问题，又能防止地下党遭受破坏。"事后，果真再没有引起敌人注意。

## ○ 乔装过河

枪杀宋宗武的第二天晚上，我们在地下党员王杰同志向导下，到达赤水镇。在这里，我们见到渭南县委书记赵文魁（外号王货郎），让他派人护送杨文谟去西安，向省委汇报红二团失败的情况和我们准备回照金重新恢复红二十六军的设想。那时，外界谣言很多，有的说志丹和我们"遇难"，有的说我们上华山当了"和尚"，而敌人又利用这些谣言，大肆诬蔑红二团，蛊惑人心。所以，我们亟须向省委汇报，以正视听。

在赤水镇，最让人焦虑不安的是如何渡过渭河。赤水一带，敌人封锁很严，到处张贴布告，悬赏捉拿我们。赤水渡口，敌人有一个排把守，盘查森严。为确保安全，我们和渭南县委同志反复研究办法，最后确定找几名水性好的地下党员，夜间护送志丹和子文、曹士荣泅渡闯过封锁线，由我和黄子文同志的爱人假扮夫妻，携带枪支从渡口过河。

子文同志的爱人叫李胜云，是个有胆有识的青年妇女，在我们商议怎样把枪带过河去时，她自己提出和我假扮夫妻过渡口的计策。志丹怕她年轻又有孩子，不同意冒险。子文说："咱这老婆，胆子大着哩，没关系，让她去。"

我们一对假夫妻，装着去给女方老母做"周年"的样子来渡河。李胜云挎着篮子，内装香、裱、纸钱以及"献馍"等供品，下边藏着两支驳壳枪、一支手枪，我怀里揣着一支驳壳枪，抱着李的两岁孩子北平。为了做到万无一失，事先我花费两天时间，教北平叫我"爸爸"，

1983年摄于陕西渭南赤水镇渭河畔（1933年与李胜云北渡渭河处，右二为王世泰）

和李胜云编出一套骗敌人的口供，李胜云还特意把剪发安上假发，梳成盘卷。上船时，我俩相互照料，镇静自若，没有引起敌人的格外注意。

过了河，我两一口气跑了十来里，才在路旁树林里歇息，放下提悬的心。歇了一会儿，李胜云问我："如果敌人真要搜查，你咋办？"

"开枪打，最后留一颗子弹给自己，要不就跳河，反正不能让敌人抓住。"我回答说。

胜云说："那我和孩子怎么办？"

我开玩笑地说："那我就顾不上那么多了。"接着我们大笑了一阵。

这是一位多好的同志啊！她，早年随子文在北平做地下工作，被敌人逮捕，经受敌人的严刑拷打和种种折磨，在狱中生下孩子，唤作北平。如今，革命需要她担此风险，她不顾个人和孩子的安危，毅然来完成党交给的任务。她那沉着、机智、不怕牺牲的革命精神和对党忠贞不渝的坚定信念，实在难能可贵，令人敬佩。两年前，我专程去三原，拜访了这位革命的老大姐，谈及此事时，她爽朗地笑着说："那有什么哩，

1988 年在渭南赤水镇，访问 1933 年与李胜云乔装夫妻渡河时隐蔽的农户家。（右为王世泰，照片中的老妇人当年是农户家刚娶进门的 16 岁新媳妇）

都是应该做的。"

等我们到白家庄时，志丹他们已先行到达。我住在白思堂家，志丹住在张文华家，其他几个同志分别住在几个党员家。一切食用和活动，都由党支部书记张我公安排。

在白家庄住了将近半月，夜间出去活动过几次，主要是想打土豪搞些路费。这一带的土豪，墙高院大，防范很严，有的墙头还拉上铁丝网，因此几次活动，都没有得手。有次搞到三块银元，让黄子文到新市镇买些衣服、鞋袜之类的东西，结果半道还叫小偷偷了。大家开玩笑，叫他"迷糊子"。

白家庄有个恶霸团总，外号叫"猪嘴"，势力很大，横行乡里，抢占民田，霸占民女，百姓们无不痛恨。地下党组织请求我们除掉这个祸害。时值庄子唱大戏，我们决定趁看戏的机会干掉他。这个"猪嘴"真够精明的，看戏不但带几个保镖，而且坐在群众中间。我们怕开枪误伤群众，只好作罢。

几天后，从潼关方向开来两艘装着面粉、大米的军需船，在东滩附近搁浅。地下党组织，想把这批粮食截下来，分给群众度荒，一下子动员三百多人去抢粮。我们提出这样大搞，恐怕会惊动敌人来"清剿"，给群众带来祸患。地下党同志认为"法不治众"，官府也奈何不得。结果，我们开枪打跑押船的团丁，群众一哄而上，一夜之间搬走所有的粮食。事实上，我们的担心并非多余，后来听说敌人果然来"清剿"，杀害了白思堂等同志，不少群众为此而倾家荡产。

搞不到路费，就无法行动。正当我们发愁的时候，张我公来说：他老婆刚从娘家回来，夸耀她堂兄在平凉做生意发了，给家兑回300块现大洋，家里甩了20元，还有280块放着哩。

听到这个消息。我忙问："可靠吗？"

"我老婆亲眼所见，不会有假。"张我公肯定地回答。

这真是喜从天降，大伙商量第二天晚饭后动手，同时让张我公再

1999 年夏到陕西省渭南县白家庄探望地下党员白思堂亲属（1933 年红二团南下失败后，王世泰与刘志丹返回陕甘革命根据地途中曾在白思堂家隐蔽十多天，左三为王世泰）

找六七个人协助我们。

商人家住在一个深宅大院内，外有高大厚实的围墙。我们原计划从正门进去，谁知被这家长工发现，关上大门进不去，只好临时决定搭人梯上房。当我们跳进院子时，屋内人从后门跑得一个不剩。所以，没有费多大气力，就把钱弄到手。回来一数，不多不少整 280 元，我们留下 80 元，给参加的群众每人 10 元，其余全部交给地下党组织。随后，我们用 60 元买了一副货郎担和日用小百货；志丹亲自动手把货箱改成夹层，下边藏枪，上面放货，积极准备动身。

## ○ 北上洛川

回照金有两条路线，一条是近路，从蒲城、富平、耀县走；一条是远路，经蒲城、白水、洛川、富县、甘泉、保安、合水、宁县、正宁、耀县 10 县，绕道回去。近道，因敌人刚刚打过王泰吉起义部队，沿途哨卡林立，封锁严密，通过困难；远路，虽然路线长费时间，但沿途有我们的关系，比较安全。最后，我们决定舍近求远，绕道回照金，并根据各人情况分工，白水以南由黄子文负责，洛川以上由我负责，保安以西由志丹负责。

第一天，我们走了八十几里，到蒲城兴市镇。这是个有几百户人家的大镇，以生产花炮闻名，是附近几十里的商业中心。晚间，志丹等人住在镇内客店里，我挑着担子，带着枪，进镇多有不便，住在离城三里地的老乡家里。第二天，我们在北门外会合，向刘丁镇出发。途中怕别人看出破绽，志丹、子文走前头，我和士荣断后，拉开一段距离。货郎担子少说也有六十来斤，一天走七八十里路，对于我们这些扛过枪，没有下过苦力的人来说，真不容易。两天过后，我和士荣肩膀全压肿了，只得临时雇个老乡挑担。这位老乡家里穷人老实，长年靠给别人贩水果为生，每天只能赚两角钱，所以也愿意为我们跑脚，多挣几块钱。

第三天到白水县尧禾镇，在这里休息一夜。从尧禾出东门，过洛河，走黄龙山两天就可到洛川。谁知我们错走北门，上了暗门山，在半山一看，才发现方向不对头，这时已走出七八里地。回去吧，怕引起人

洛川县城今貌

的怀疑，造成麻烦，不回去又没路走，不得已从荒山上向洛河边溜着走。暗门山遍地都是酸枣刺，扎得人两腿冒血，挑担子的老乡才苦了，一边溜，一边埋怨："你们不是好人，好人不走这样的路。"我们想换换他，可空手都走不稳当，哪能挑担子走？所以，只得好言相劝，答应给他多付报酬。天黑时到达洛河边，河里正发洪水，浑浊的泥水，裹着山柴杂草，咆哮向南奔流。渡河，一无船只，二无向导，几个人摸黑在河边徘徊，几经周折，最后总算找到一位船工，乘船渡过洛河。

次日，我们上朱牛塬向土基方向走，下午在北月合村，碰上在土基镇烟膏局当雇员的王奉勤。他见我，连忙喊叫"二叔回来啦！"我低声告诉他不要对任何人讲我回洛川的事，并顺便问了土基民团和我家里情况。他会意地点点头，并告诉了我一些情况。离开月合村，又走了二十几里，天就黑了，我们取出枪，给挑担子的老乡13块钱、一副货郎担，打发他回家。我们则绕开土基，从马儿村翻沟走铁楼向我的老家黄连河走去。

晚十点左右，来到黄连河。回到阔别四五年的家乡，心情十分激动。这里有我高堂老母和兄长，有我少年时的好友和乡亲。"亲不亲故乡人，美不美故乡水"，我感到一切都那样的亲切，那样的熟悉。

黄连河有一条小街，我家住西街小巷子里。我领志丹等人来到家门口，只见两只狗在咬，门上挂着锁，但没有落锁；家里没一个人，锅里水开着，锅盖上炕着一大堆红枣。我让志丹他们喝水吃枣，我返身出门找家里人。当我走到离寨子不到30米远处，突然听见寨楼上有人高声喝问："干什么的？"

我随机应变答道："是东南乡的亲戚，找王怀玺（我的侄子）家里人有事。"

"是不是王世泰？是王世泰我们就开门。"对方接着问道。

这突然的喝声，吓我一身冷汗。我怀疑敌人占领寨子，准备抓我们，否则不会指名道姓地叫我。所以，转身就向街外跑，一直跑到上街李元家窑背后。村中狗咬声混成一片，李元以为来了土匪，也在窑背观望。见有人跑过来，大声问道："是谁？"我说，"姓王。"

李元是我少年时期的朋友，虽然辈分不同，却彼此非常要好。他听出是我的声音，高兴地说："二爷回来了。"我急忙问道："寨子里住的什么人？"他说没有什么人。我真生气，明明有人怎么能说没人呢？过了一会儿，李元才笑着说："可能是五爷带的人。"

"五爷"，是我的堂兄，原先当过团总，后来不干回家，身边有几个人几条枪，可能是为了防土匪抢劫、"拉票"，夜间把家里人集中在寨子里住。

那时，我父辈兄弟两个还没有分家，二十几口人一起生活，我是最小的，加之父亲去世早，母亲特别疼爱我。老母思儿心切，几天来一直用土蛋蛋卜卦，说我要回来，被守城的那个小青年听到，才闹出一场虚惊。

五哥知道我回来，同六哥、七哥迎出来，见到志丹后，更是高兴非常。在陕北，志丹领导穷人闹革命，几乎家喻户晓，妇孺皆知，人们都敬重他。我的兄长们敬重之情尤甚，所以当即请志丹进寨子居住。

老母亲见我，一下扑了过来，抓着我看个不够。一边流着眼泪，一边哽咽诉说她几年来思儿的忧心。望着老母的满头花发，我难过地流出眼泪。我的母亲，是位慈祥而又深明大义的老人。她既不询问我艰难的过去，也不问我今后的打算，只是连声嘱咐我要小心谨慎，好自珍重。她相信，好男儿志在四方。

为了安全，兄长们决定把我们转移到杨家河叔伯三哥、四哥住的地方。这里山大沟深，灌木丛生，山上多有防匪的石崖窑，我们四人就住在窑内。四哥外号称"四疯子"，胆子大敢说敢为，手下也有几个人。他对我说："小弟回来，四哥给你保险，敌人来一个连也不用怕。"他给安排警戒，让四嫂上石崖洞专门为我们做饭招待我们，确实比较安全。

1999 年摄于洛川土基镇杨家河村（左三为王世泰）

一天，老母亲打发人来叫我回家，说是有事要商量。回到家里，才知道洛川县民团团总雷在阳要见我，问我见不见？洛川民团势力很大，我早有所闻，雷团总其人，早年我曾相识。我想他要见我，无非有两个目的：一是想和我挂钩，为自己找条后路；二是探听虚实，看我们走不走。走了，大家相安无事；不走，他怕招惹麻烦。当然，我脑海中也闪过可能被捉的念头。但很快又否定了。因为他同我五哥是至交，要抓也不能在我家抓人。所以，我决定见他。

见面地点在我母亲住的窑洞里，说了两个多小时。我们谈话的内容很多，也比较诚心。我说了照金根据地革命的形势，说我这次南下失败只是一少部分，大部队仍在根据地和渭北一带活动，让他认清形势，今后争取中立，不要同红军为敌。雷在阳当场表示，他不会干出对不起红军的事，并说："老弟，好好干，有什么困难提出来，我帮助你。事干大了，不要忘记洛川人。"此人后来当上旅长，积极参加抗日活动，率部开往前线时，在神木被人暗杀。

## ○ 西进保安

三四天之后，我怀着依依不舍的心情，辞别老母，一行四人向保安县走。途中借宿洛川好音村赵耀荣（中共党员）、富县田庄王树山（中共党员）、王树勋（中共党员）家，到甘泉县。

甘泉县是北进延安的大门，县城很小，只有几十个民团驻守，盘查亦不甚严格。县内有我延安四中的几位同学，我准备只身进城寻找他们。进城前，同志丹等人约定，如果遇到敌人检查，我就开枪打，听见枪声，他们直奔县城对面岳王庙山上等候会合。大概因为我穿着王树山送的老羊皮袄，太像一个地地道道的农民，进城没有遇到盘查。

进城后，我先找到在县中学任教的李树禄同志（现名李柏林）。我见李时，他正在看报，听叫声抬头看是我，呆呆地半天没说出话来。因为他看的报上，就登载着我们被"消灭"的消息，根本没想到我会突

1990年5月在西安与延安四中老同学王化成合影（右为王世泰）

然出现在他面前。树禄一下把我紧紧地抱住，连说："太突然，太突然了！真没想到你回来，我以为你早已作古了呢！"

"城里还有几个党员？"我急忙问树禄。树禄说："有薛泰来、郑维平、张荣曾。薛泰来当中学校长，郑维平当团总。"

"他们现在表现咋样？"

"革命很坚决。"

"你快去把他们找来，设法把志丹他们接进城里。"

听说志丹来了，树禄立即派人找来薛泰来和郑维平。

大家见面，顾不上寒暄，我让薛、李二人到饭馆包顿饭，转身同郑维平出城迎接志丹他们。

几位党员，早先无缘见志丹，今日见面甭提有多高兴、多亲热，大家在一起吃了顿美餐。为了防止意外，当晚我们住在城外杨家砭。维平布置了警戒，保证了安全，几个人畅谈大半夜。在这里，我们介绍了南下受挫的经过，谈了今后的设想。志丹还特别嘱咐他们，要坚定革命信心，利用合法身份，积极发展组织，为党多做工作。

第二天，几位同志为我们准备了大饼、荞面和炊具。早饭后，我们怀着依恋的心情，挥手而别。本来打算顺洛河川而上，后听说沿川节节有民团，不好通过。改道从洛河西岸上山向西行走。

我们顺山梁走小道，整整两天到达刘家老庄北面的苍沟。在苍沟我们找到哥老会"大爷"马海旺。此人为人耿直，很重义气，在周围二三十里内都有很大影响。他早年同志丹熟识，关系密切，最器重志丹的学识和人品，所以我们住在这里很放心。

"马大爷"确实够朋友，杀猪宰羊，待我们为贵宾。同时，布置警戒，打探消息，为我们忙碌着。在这里，我们是南下以来第一次了解到根据地的情况。这些消息，实在太重要了，大家恨不得插上翅膀，马上飞回根据地去。

离开苍沟向保安县曹家沟走去，一路上有"马大爷"派人护送，非常顺利。到曹家沟（曹士荣家乡），没有进村，住在离村二三里路的一个石崖窑里，由士荣哥哥送吃的。因为距曹家沟十来里地有个旦八寨子，这个寨子就是毛主席在毛选中写到的那个"土围子"，住有敌人正规部队和民团，反动透顶。我们怕走漏风声，遭敌人袭击，没有直接进村。

志丹为了了解周围情况，就通过士荣哥哥找来旦八寨子内一名当小学教员的党员。这位党员，见到志丹很兴奋，回去后高兴地告诉其他党员，被敌人的狗腿子听到，险些给我们惹来一场飞祸。那天，天气特别闷热，外边下着瓢泼大雨，我们几个人在石崖窑里，闲聊一阵先后睡着了。"扑通"一声响，把我惊醒，一骨碌爬起来，见一只狗叼着羊腿，从洞口蹿出去。一惊一吓，使我忽然想到这里地形不好，一旦被敌人包围，要想逃脱比登天还难，于是连忙叫醒大家起来转移。志丹同意我的看法，我们就迅速离开石窑，由后山向合水前进。事后得知，就在我们刚刚离开不到一个小时，旦八寨子里的一排正规军和七八十民团团丁就把石窑包围了。

## ○ 返回照金

我们离开曹家沟，经大凤川两天至合水县包家寨，住在高世清家里。志丹有个习惯，不管再忙再累，每到一地总要找些人来，了解当地风土人情、群众生活、敌我情况等，以此分析形势，决定行动方针。在这里，我们了解到合水县驻有一连敌人，抓了我不少党员。杨培盛同志就被关押在里边。杨培盛爱人向我们哭诉着敌人残暴地捕捉我地下党员的罪行，要求设法营救同志。听到家属的哭诉，我们个个义愤填膺，暗自下决心，一定要重振旗鼓，报仇雪恨。

我们由包家寨动身进子午岭，途经午亭子、芦包梁、艾蒿店、马栏川、老爷岭，于1933年阴历八月十五晚，到达照金的薛家寨。

八月十五，是个吉祥的日子，它象征着大团圆。苦斗四个多月，历经千难万险，我们终于又回到朝思暮想的根据地，回到了战斗的集体。

"志丹回来了！""志丹回来了！"这激动人心的声音，犹如平地卷起的一阵狂飙，飞扬在薛家寨上空。根据地的领导和红军临时指挥部的负责人王泰吉、习仲勋、张秀山、高岗、黄子祥、杨森迎出来了！游击队的领导强世卿、张仲良、张邦英、陈学鼎等迎出来了！先于我们回来的红二团指战员吴岱峰、高锦纯、黄罗斌、刘约三等迎出来了！红四团、抗日义勇军、游击队的战士们也迎出来了！

这是感人肺腑的一夜，是狂欢兴奋的一夜。

失去的是痛苦，得到的该是幸福，然而，我们心情仍然沉重：三百多名战友，三百多个情同手足的兄弟，有多少同志血洒疆场，抱恨南山！功过今评说，一句话，横祸来自"左"倾教条主义路线。但是，"野火烧不尽，春风吹又生"。我们可以告慰先烈的是：我们回来了，我们要用百倍的信心，千倍的努力，完成你们未竟的事业！

## 四、红二十六军四十二师的成立与发展

### （一）红二团南下后的陕甘边

九一八事变后，日本帝国主义悍然侵占我东北全境、并长驱直入向我关内侵犯；蒋介石集团面对日寇的法西斯侵略，不仅采取"绝对不抵抗主义"，而且加紧镇压国内抗日民主运动，对红军连续发动大规模的"围剿"；党的临时中央，错误估计形势，继续推行王明"左"倾教条主义，招致很恶劣的结果。到 1933 年，全国革命形势处于极度危急的关头：革命不仅一省数省没有胜利，反使苏区地盘越来越小；白区党

组织几乎全部遭到敌人破坏，革命力量损失惨重；在中央苏区，排斥、打击毛泽东同志的正确领导，致使王明"左"倾教条主义进一步发展，直接在根据地内得到全面推行。陕甘边苏区，作为中国革命的一部分，同全国一样，也经受了种种磨难。然而，陕甘边特委和边区人民几经曲折遭受巨大损失后，在刘志丹等同志的领导下，排除万难，以无比的献身精神从胜利走向更大的胜利。

## ○ 严峻的形势

1933 年夏，陕甘边根据地上空，笼罩着阴霾，红二十六军二团南下受挫，王泰吉起义失败，陕西省委遭到破坏……

本来，红二团自从 1932 年 12 月成立之后，在根据地人民的有力配合下，转战陕甘边区，四处寻找战机，有力地打击敌人，使红军迅速发展，根据地日益开拓，打土豪、分田地的土地革命运动蓬蓬勃勃。但是，这种大好革命形势，却遭到"左"倾教条主义的推行者杜衡的践踏。杜衡不顾客观实际，无视反对意见，一意孤行强令红二团南下，建立所谓"渭华根据地"，最终使红二团被迫与敌人鏖战终南山，惨遭失败。红二团失败是个很大的损失，对于开辟陕甘边苏区、巩固照金根据地、发展游击战争带来了极大的困难。

陕西省委得知红二团南下失败后，当即决定将渭北游击队第一大队改编为中国工农红军第二十六军第四团（简称红四团）：任命黄子祥为团长，杨森为政委。拟以红四团为主力开展游击战争，扩大根据地。渭北游击队是建立比较早的一支游击队，在黄子祥、黄子文等同志率领下，发动群众积极开展对敌斗争，多次配合陕甘游击队和红二团作战，为创建陕甘第一块苏区——三原县心字区、武字区，立下了不可磨灭的功勋。渭北游击队第一大队改编成红四团后，积极配合王泰吉耀县起义，在三原、富平一带进行游击战争，消灭了一些地方反动武装。但是，随着王泰吉起义失败和国民党十七路军优势兵力的进攻，红四团不得不撤进照金根据地。

1933 年 7 月 21 日，王泰吉在全国人民抗日浪潮的推动下，率西北军骑兵团在陕西耀县起义。解除耀县民团武装，宣布成立西北民众抗日义勇军，辖六个大队，全军一千多人。王泰吉宣布脱离国民党军，树起抗日义旗，对西北革命形势产生了很大影响。但是，由于起义比较仓促，部队中党的基础差，又没有及时对部队进行整编和改造，因此，在起义一个星期后，当王泰吉率部向三原北部地区进军，遇到强大敌人进攻时，激战一天，向北退却，陆续溃散。最后，只剩下王泰吉等百余人，退入照金根据地。

随着王泰吉起义，中共耀县县委领导成立了耀县革命委员会，组建了中国工农红军耀县游击队第三支队，大力开展宣传，组织群众斗争，捕捉了一批豪绅、地主、恶霸、反革命分子，镇压了反动的朱氏三兄弟和敌南区区长。随后，打开阿姑社寨子，镇压了恶霸左国保、左国明、左国福，筹集了一批巨款上交边特委。但是，由于王泰吉起义失败，三支队在耀县站不住脚也被迫退至照金一带。一个星期之后，7 月28 日省委书记袁岳栋和红二十六军政委杜衡被捕，随即叛变。杜衡带领特务到处捕捉我地下党员。党、团省委遭到完全破坏，西安和关中地区的地下党组织几乎破坏殆尽，大批优秀的共产党员惨遭杀害。

西北革命处于低潮，陕甘边形势非常严峻。

## ○ 陈家坡会议

在严峻的形势下，照金根据地依然傲立。陕甘边特委领导根据地军民与敌人的斗争，一天也没有停止。

红四团、抗日义勇军和耀县游击队第三支队相继进入照金根据地，使根据地的红军力量有所增强。但是，这几支部队没有在一起作过战，因此组建一个统一的军事指挥机关就成为当务之急。而这一任务，责无旁贷地落在边特委的肩上。

为此，1933年8月14日中共陕甘边特委在陈家坡召开了党政军联席会议。参加会议的人员有边特委负责人和各部红军连以上干部。会前，高岗在西安脱险后，来到根据地，以省委特派员的身份出席了会议。

会议历时三天。对目前形势和今后任务进行了认真而又热烈的讨论。会议开始时，有个别同志认为形势严峻，曾提出过部队分散活动的主张，遭到大家的反对。与会绝大多数同志认为，目前形势虽然严峻，困难很多，但我们仍有相当数量的红军和游击队，这股力量集中起来，就是打击敌人的一只有力的拳头；同时，照金根据地群众基础好，人民觉悟高，可以同仇敌忾与敌人作斗争。如果分散活动，在强敌面前，失去统一指挥，失去照金根据地的依托，就可能被敌人各个击破。最后，会议在统一认识的基础上，通过了保卫陕甘边根据地和组建陕甘边红军临时总指挥部的决议，任命王泰吉同志为总指挥，高岗为政委；制定了不打大仗打小仗，集小胜为大胜，集中主力，打击敌人，巩固和扩大照金根据地的作战方针。

陈家坡会议，是在历史转折的重要关头召开的，它充分显示了边特委领导的正确。陈家坡会议所作的决议，对加强党对红军和游击队的统一领导，广泛开展游击战争，粉碎敌人的军事"围剿"起了决定性的作用。

红军临时总指挥部成立之后，集中兵力，东西出击。8月下旬，先后在庙湾消灭民团一部，在高山槐打败耀县雷天益的民团，缴获了一批武器，在让牛村消灭耀县民团一部，在柳林偷袭民团成功。9月初，指挥部带领所属各部西进彬县，在龙马、高村、柏子沟一带袭击地方民团连连得手，随即又转道北上正宁锦村庙一带，消灭了部分地主武装，缴长短枪数十支及一批物资。东西出击大获全胜，不仅恢复了部分根据

陕西彬县县城中心开元广场旧貌

地，而且扩大了革命武装，提高了指战员的革命斗志和胜利信心。

9月中旬，临时总指挥部为扩大有利形势，决定照金各游击队坚持根据地斗争，率红四团、义勇军和耀县三支队去合水县一带寻找战机。部队到达合水固城川，与强世卿带领的陕北游击队第一支队会合。此时的一支队已有七十余人，马三十余匹。两军会合，使部队战斗力骤然增加，指战员们无不欢欣鼓舞。会合后，部队挥戈南下，巧夺旬邑县政府所在地张洪镇，消灭民团百余人，缴获了大批物资，镇压了旬邑县县长、县党部书记、民团团长等十余人。这一仗震慑了敌人，壮大了自己。

红二团南下失败后，二团的干部陆续回到照金根据地。较早回来的有杨琪、吴岱峰、高锦纯、惠泽仁、黄罗斌、王兆湘、刘约三、魏武、芮四、康健民和于占彪、牛刚等同志。这批干部大部分被派到抗日义勇军、陕北一支队和照金游击队工作，加强了各部队的骨干力量。10

陕西旬邑马栏革命烈士陵园

月4日刘志丹和我们几人历经千辛万苦，回到照金。志丹的回来，给根据地军民添了主心骨。刘志丹任临时总指挥部参谋长，我任红四团二连连长，黄子文被派到照金游击队总指挥部工作。

## ○ 奇袭合水城

红军和游击队的积极活动，引起敌人的惊恐不安。陕西军阀时刻妄想消灭我红军和游击队。我们回到照金时，临时总指挥部已察觉到驻耀县小桥的国民党十七路军孙友仁团有进攻根据地的迹象；驻扎在中宜、旬邑、淳化、庆阳一带的冯钦哉、何高侯、赵文治等部也虎视眈眈，伺机向我进攻。

当时，红军主力仅为四百余人，与敌人力量相差悬殊。面对气焰嚣张的敌人，临时总指挥部召开会议决定红四团、义勇军、耀县三支队和陕北一支队，避敌主力，转入外线，寻机歼敌，同时决定习仲勋、李妙斋、张秀山、吴岱峰、高锦纯、黄子文等同志带照金各游击队坚持根据地的斗争。

转出外线，寻机歼敌的第一个目标是合水城。合水城当时有敌赵文治团的一个连和一个保安队，总共不到三百人，战斗力不强；从照金到合水，沿途梢林遍布，有利于部队隐蔽行军。因此，临时总指挥部根据志丹和我的建议，决定奇袭合水。

10月12日，部队由照金出发，横穿马栏川，沿子午岭山麓，经正宁、宁县，日夜兼程北上。一路上，子午岭秋高气爽，霜叶红遍，山色格外壮观。可是我们哪有心思欣赏这些景色，都恨不得一步跨到合水城，一举歼灭城内守敌。10月15日下午，部队顺利到达合水县黑木塬，行程三百多里。

部队到达黑木塬后，立即封锁消息，开始紧张的战斗准备，同时派遣侦察员查明了敌情没有什么变化，搞清了合水城的地形。

合水城位于子午岭山区的城壕川，是一个跨山城池，形如葫芦，又叫葫芦城。葫芦头部临川，葫芦尾部依山，最高点的山头叫葫芦把，筑有坚固的碉堡。城外左右是两条深沟，悬崖陡壁，十分险要。东西两个城门楼，高大坚固，是敌人的城防重点，城郭要害部分有里外双层城墙，城墙是用大块砖砌起来的。东南城里墙和外墙之间，每隔几丈还筑有隔墙。要想从隔墙这边到那边去，只能通过里墙仅能容一人出入的洞过去。即使爬上城墙，要占领全部城墙，还得付出相当大的代价。

合水城池易守难攻，加之我军缺乏攻坚武器，采取强攻硬打，显然很难奏效。因此，志丹等同志在综合分析合水敌情和地形后，决定采取偷袭的办法。具体部署：挑选二十几名机智勇敢的干部、战士，组成登城突击队。以红四团二连和陕北一支队组成主攻连，由强世卿同志指挥，随突击队攻城，其余部队在城外隐蔽。泰吉、志丹同志命令我担任攻城总指挥。

接到志丹命令，我即刻召集突击队全体成员，宣布任务，将突击队分为三个组，任命王安民任第一组组长，陈国栋任第二组组长，张明吾任第三组组长，开始准备云梯、绳子等攻城工具。

18日晚，部队冒雨从黑木塬出发。我带突击队走在最前面，后面紧接着是主攻连和其他部队。夜，实在太黑了，指战员们踏着泥泞的小路，深一脚、浅一脚地前进。经过三十多里的艰难行军，深夜三点钟，突击队神不知鬼不觉地摸到合水东城北部沟里的预定爬城地点，其他部队也都按预定方案进入阵地。

因为夜色漆黑，加之城池坚固，敌人以为神兵天将也奈何他不得，早已进入梦乡。城楼上的哨兵，哼着小调来回走动，对我军兵临城下毫无觉察。机不可失，我立即命令突击队架云梯登城，但是云梯太短，顶端离城墙顶还差一丈多。大家顿时傻了眼。"怎么办？"我悔恨事前没有考虑到这一问题，但更着急的是怕贻误战机给战斗带来损失。

"我上！"在我身旁一位战士轻声要求道。

我回头一看，是柴正祥。柴正祥不是正式红军战士，过去跟我一起打过游击，打仗非常勇敢，后来因事离队回家。这次他听说部队要打合水城，在黑木塬临时跟我来的。

柴正祥看到我没回答，便说："只要给我一把驳壳枪、几颗手榴弹和三把刺刀，我就能上去。"

我当下吩咐给他枪、手榴弹和刺刀，并叮咛他带上绳子，登城后，抛绳接应其他同志。

柴正祥回答了一声"是"，迅速登上云梯。随后，他把三把刺刀，依次用劲插入城墙的砖缝里，脚蹬一把，双手紧握稍高的两把，靠臂力把身子凌空悬起，腾出一只手，弯腰去拔出脚下的那把，再往稍高的墙缝插去，就这样不住地倒换刺刀，一点一点地向城墙顶爬去。下面的同志看到他艰难地爬行，都为他捏着一把汗。不多一会儿，柴正祥登上了城头，这时我才松了一口气。接着，突击队员们一个个争先恐后地拽着绳子，登上城头。上城之后，我命令第三组迅速去占领葫芦把。他们沿城墙摸到葫芦把敌人碉堡跟前，碉堡里住着一班敌人，正在酣睡，万万没想到"飞将军"会从天而降，突然出现在他们面前。当他们被我战士喝令起来，顿时魂飞魄散，束手就擒。一枪未放，就占领葫芦把。拿下葫芦把，是取得胜利的关键，因为这里是全城的制高点，占领它，可以居高临下，用火力控制全城。

巧取葫芦把成功后，这个小组用手电筒光在夜空中划了三个圈，发出偷袭成功的信号。

看到信号后，我命令突击队第一、二组去占领东城门楼。此时，强世卿带领的主攻连大部分已登上城墙，我命令他们分别攻占敌人连部、民团团部和县政府。部署完毕后，我随一、二组向东城楼接近。

我们的行动，被敌哨兵发觉，大声喊道：

"什么人？口令！"

"查哨的！"话音未落，几个战士猛扑上去，掐住敌人哨兵的脖子。其余战士立即扑到敌人睡觉的屋门口，大吼一声：

"不许动！缴枪不杀！"

一排敌人，被这惊雷般的喊声从梦中惊醒，光着身子，跪在地上求饶。有几个顽固的家伙，慌忙抓枪，企图负隅顽抗，我们的战士，手起弹落，结果了他们的性命。其余敌人，见此情景，乖乖地举手投降。东城门楼被我们占领了。

夺取东城门楼的枪声划破寂静的夜空，顿时，城里的敌人乱了营，惊慌失措。听到枪声，强世卿指挥主攻连按预定部署向敌人展开全面攻击，战斗十分激烈。

经过近一小时的鏖战，城里敌人大部分被消灭，但西城门楼子还未拿下。这时天色已明，志丹同志率后续部队亦到达东城门外，急等入城。城门上吊一把大黑铁锁，无法打开，真急人。城里的我们找不到钥匙，城外同志进不了城更急。人急生智，我举起驳壳枪，对准铁锁"叭"地一枪，把门锁打了个粉碎。城门打开了，大队人马一涌而进，向敌人冲去。接着，西城门楼子也结束了战斗。至此，我军占领了全城。

这一仗，除少数敌人乘乱逃跑外，其余全部被歼被俘。我军缴获了大批枪支弹药和物资；县长和全县逃进城里的十几个大地主悉数就擒；救出被敌人押在监狱的党员、干部和革命群众八十余人，其中有前西北反帝同盟军二支队二大队队长杨培盛同志。同时向群众进行了宣传，没收县政府和地主土豪的财产，开仓放粮。

奇袭合水的胜利，极大地鼓舞了红军和革命群众，沉重地打击了敌人。同时，为建立以南梁为中心的革命根据地，也为开展庆阳、合水等地区的游击战争奠定了基础。这一仗打得非常漂亮，充分显示了临时总指挥部的正确领导和志丹同志的高超指挥才能。

1988年6月2日参观南梁革命纪念馆（右二为王世泰）

这次战斗，使我浮想联翩，想起红二团南下的惨痛教训。如果二团不南下，今天的红军队伍该有多么强大，根据地何至于只有这块地盘。思痛之余,自己又感到欣慰,陕甘边红军总算又回到以志丹为首的正确的革命路线上来了。

## ○ 薛家寨失守

合水之战刚刚结束,就听到薛家寨失守的消息。乍听薛家寨失守,指战员们发出一片惊讶声。有的不相信自己的耳朵,有的悄悄地哭了,个个心情十分沉重。

指战员们心里确实像压了一块石头,感到痛心、憋气。这也难怪,大家对照金根据地的感情实在太深了。这不仅因为照金这块广大指战员多年浴血奋战创建的红色政权所在地失守,而且也因为那里有朝夕相处、亲如一家的父老乡亲要遭受摧残。同时使人揪心的是战斗在照金根据地的边特委、红军后方机关以及游击队的同志们的安全。指战员对敌人的仇恨,骤然增加,纷纷要求打回照金,收复失地。

正当我们焦急万分的时候,更确切的消息传来,说我们坚守根据地的指战员已大部分突围,伤员和领导同志安全转移。

原来,我军打下旬邑县城后,触怒了敌人,便大举向我根据地进攻。敌孙友仁团于 10 月 13 日开始进攻,耀县等民团也先后进占老爷岭,形成了对边区政府和红军后方机关薛家寨的包围态势。我军坚守部队仅有照金游击队总指挥部所辖第一支队、红二十六军全部后勤人员二百余人。因此,在敌人进攻初期就已将伤病员从薛家寨后梁转移了出去。

10 月 15 日,一场反"围剿"的殊死搏斗开始了。敌人发动猛烈进攻,我军阵地淹没在一片火海之中。张秀山、吴岱峰等同志指挥战士全力抗击敌人,凭借着薛家寨险要地形,一天打退敌人连续多次的疯狂进攻。敌人伤亡很大,我军也受到较大的损失。

16 日,我军阵地被敌人突破,形势骤然逆转。我军不得不忍痛丢掉薛家寨，开始突围。突围方向选择在寨子东边，这里是悬崖陡壁，怪石突兀，平时很少有人出入。敌人万万没有料到我军会从这里突围。因此，我军用集束手榴弹，连续爆炸，打开一条通路，使机关和后勤人员首先突围出去。当掩护部队准备撤出战斗时，敌人又冲上来，使部队再度陷入恶战，最后终于边打边撤，跳出了合围圈。

突围部队，离开照金根据地，向东而行，在柳林摸掉敌民团数十人，然后北上经杨家店子、转角镇、石底子折而向西，11月19日在正宁县柴桥子与主力会合。临时总指挥部决定将红军后方机关暂时撤迁至南梁地区的平定川、豹子川一带，并指示照金游击队总指挥部迅速组织照金地区内的游击队，坚持照金根据地的斗争，指挥部直属特务队和淳化、宁县、正宁等地游击队伺机向西发展，扩大根据地。

## ○ 痛打敌赵团

合水一战，敌人丢了一个县城、一个连，赵文治恼羞成怒，于是率全团七百余人，尾随而来，企图一举歼灭我军。赵文治团战斗力不强，但是他自不量力，很骄傲。针对这一情况，指挥部研究决定，采用疲劳战术，牵住赵文治的鼻子转，然后消灭他。赵文治果然上当，尾追不舍。我们在庆阳、合水、正宁、宁县一带和敌人周旋，把敌人拖得疲惫不堪。我们走一天，他们跟一天，跟了十来天。10月28日，我军转到庆阳县毛家沟门，敌人也追上来了，此时敌人锐气已经大减，精疲力竭。志丹认为歼敌时机已经成熟，下决心要狠狠教训一下敌人。

毛家沟门有几个村子，位于东西方向的一条沟中间，南北两面是大山。为了以少胜多，歼敌于反冲锋之中，指挥部决定我军主力撤到北山占领有利地形。上午九时，赵文治看到红军撤退，误认为我军畏慑其淫威，即令其所部拼命攻山。敌人炮火十分猛烈，密集的敌人发出嗷嗷的叫声，疯狂地向山上冲来。我军退至半山时发现谭世麟部在北山后面集结，指挥部命令强世卿游击队抢占山头，对付谭世麟部队。形势对我不利。下午四时左右，志丹和王泰吉当机立断，下达反击命令。

冲锋号一响，全军指战员，立即发起反冲锋。义勇军从敌人正面向下出击，红四团二连向敌人右侧冲锋，耀县三支队从敌人左侧进攻。我战士犹如猛虎下山，打得敌人晕头转向，连爬带滚，退下山去，红四团骑兵连追击敌人十余里。敌人全线崩溃，指挥官见势不妙，早已乘马逃之夭夭。敌军失去指挥，如同乌合之众，大部分丢掉枪支、辎重，抱头鼠窜，有的干脆跪在地上，举起双手等着当俘虏。

战斗一直延续到晚上，逃跑之敌，吓破了胆，成了惊弓之鸟。又被谭世麟部缴获不少枪支。原来，战斗前，谭世麟曾与赵文治合谋攻击我军，赵团从正面进攻，谭世麟在我军背部夹击。但狡猾的谭世麟曾与我军多次交手，无不以惨败而告终，生怕这次又吃亏，从一开始就留着一手。他打算如果我红军失败，他就从我军背后进攻，如果赵团溃败，他就来个脚底板抹油，溜之大吉。后见红军占领山头，他就按兵不动，当他得知赵团失败后，当天晚上带领部队向赵团靠拢。赵团溃军，晚上在附近村子老乡家睡觉，谭世麟部队进村后，打了几枪，大喊"缴枪不杀！""红军来了！"吓得赵军拔腿就跑，谭世麟缴获了不少枪支，发了横财。

这一仗赵文治团损失惨重，被毙伤俘百余人，逃回庆阳城的只有三百余人。从此，赵团一蹶不振，再也没有恢复团的建制。战后，部队向合水县包家寨开拔，进行短期休整。

## （二）组建红四十二师

陈家坡会议之后，陕甘边特委和红军临时总指挥部，领导红军和游击队，活跃在以照金、南梁为中心的广大区域里。取得张洪镇、合水城、毛家沟门战斗等三次重大胜利，沉重地打击了敌人，鼓舞了边区人民。但是，敌人并不甘心失败，屡次集结进犯我边区，妄图消灭主力红军。为了更好地组织人民战争，打击侵犯之敌，适应革命形势的需要，红四十二师应运而生，成为西北革命的一支中坚力量。

## ○ 包家寨会议

薛家寨失守，给我们提出了个严肃的问题，根据地中心究竟建在哪里好？大家都在思考这个问题。前文我曾说过，照金作为根据地有着它有利的一面，也有它不利的一面。不利的因素主要是紧挨咸榆公路，离敌人中心城市太近，地区窄小，回旋余地不大，使我们的活动受到一定的限制，不利于革命形势的发展。所以大家都希望有个更好的根据地活动中心，以便组织群众，发挥游击战争的特点，开展对敌斗争，壮大我们力量，逐步扩大根据地。

此刻，志丹同志比我们想得更多，看得更远，他分析了当前陕甘边革命形势，深思熟虑，为红军今后的前途规划出了新的蓝图。他主动与红军临时总指挥部和特委领导交换意见，提出召开联席会议，商讨重大决策问题。他的提议立即得到红军临时总指挥部领导和特委负责同志的一致赞同。

11月3日，红军临时总指挥部和陕甘边特委在甘肃省合水县包家寨召开了具有重大历史意义的联席会议。这次会议，以毛泽东同志的红色政权的理论为指导，总结了照金根据地斗争和薛家寨失守的经验教训，彻底清算了杜衡的"左"倾错误，统一了思想，对当前党和红军面临最迫切、最重要的问题进行了热烈的讨论。

会议历时三天，首先由高岗作了报告，然后转入讨论。与会同志畅所欲言，各抒己见，经过研究讨论，作出三项重大决议：

一、关于建立红二十六军四十二师。与会同志认为，红二十六军第二团，是根据中央决定和毛泽东同志关于建立相当力量正规红军的思想建立的，虽被杜衡"左"倾错误所断送，但深得人心，震慑了敌人，培养了大批革命骨干，为创建照金根据地立了功勋；继后，红四团建立，又为保卫照金根据地和工农民主政权，打击敌人正规军和民团，发挥了巨大作用。现在我们虽然暂丢失了薛家寨，但红军游击队更加壮大，群众的革命积极性更加高涨，红军的威望更加深入人心。因此，大家一致通过关于建立红二十六军第四十二师的决定。同时，决定撤销陕甘边红军临时总指挥部，任命王泰吉任师长，高岗任政委，刘志丹任参谋长。

二、关于建立三路游击区。与会同志根据毛泽东同志关于"一小块或若干小块红色政权的区域长期地存在"和"集中力量建立中心区域的坚实基础"的理论和思想，推出建立三路游击区的提案，大家认为要扩大和巩固根据地，必须大力发展游击区，只有各路游击队相继建立，四面骚扰出击敌人，才能使根据地不断扩大和巩固。所以会议一致通过建立三路游击区的提案，决定建立一、二、三路陕甘边区工农游击队总指挥部。第一路以安定为中心，第二路以南梁为中心，第三路以照金为中心。

三、关于建立南梁革命根据地。与会同志听取了志丹同志关于建立南梁革命根据地的具体计划，一致表示赞同。大家认为，南梁地区具备三个有利条件：一是早年志丹和子长同志在这一带闹革命，影响很大，同时群众很多是外地难民，深受封建压迫之苦，有强烈的革命要求，便于发动；二是南梁地区位于桥山山脉中段，而桥山山脉北起盐池、定边，南至照金根据地，连接陕甘宁18个县，山大沟深，梢林密布，地形复杂，交通阻塞，便于我军回旋，打击敌人；三是南梁是陕甘两省交界处，敌人统治力量薄弱，虽有小股土匪和地方反动武装，但都不敢与红军对垒。所以，南梁地区是建立根据地比较理想的地方。

包家寨会议，是以刘志丹为代表的陕甘边中国共产党人自觉地运用毛泽东同志关于红色政权的理论，解决陕甘边实际问题的一次重要会议，是红二十六军建军史上一次具有历史意义的会议，也是陕甘边革命斗争总结历史经验教训，由胜利走向更大的胜利的一次关键性的会议。功绩是卓著的，意义是重大的。

## ○ 莲花寺整编

包家寨会议之后，临时总指挥部率部进军合水县葫芦河川地区。葫芦河川位于子午岭中部，这里川道比较宽阔，两面山上灌木成林，环境十分幽静宜人。一个多月连续取得三次大捷，战士们情绪饱满，斗志高昂，但是艰苦的奋战，迫使我们常常连续行军百十里，饥一顿，饱一顿，战士们毕竟太疲劳了。所以总指挥部决定在莲花寺休整，贯彻执行包家寨会议决定，对部队进行改编。

11月8日，红四十二师在葫芦河川莲花寺村正式宣告成立。师部设司令部、政治部、供给处和直属警卫连，辖第三团、骑兵团，计三百余人；三团以原西北民众抗日义勇军、耀县游击队三支队和原红四团少年先锋队编成，计二百余人；骑兵团由红四团一、二连编成，百余人，战马五六十匹。

四十二师成立时的建制与负责人：

师长：王泰吉

政委：高岗

参谋长：刘志丹

政治处主任：黄子文

供给处主任：刘约三

红三团团长：王世泰

红三团政委：李映南

一连连长：赵国卿

二连连长：陈学鼎

指导员：张邦英

少年先锋连连长：王有福

骑兵团团长：黄子祥

红三团政委：杨森（兼师党委书记）

一连连长：李志柏

二连连长：高占胜

同时，部队还建立了党组织。师、团成立党委，连队建立支部，以加强党对红军的领导。志丹同志对于建党工作非常重视，他经常以过去多次起义和几年革命斗争的经验教训来告诫大家，要认识建党的重要性，提醒大家要发挥党的战斗堡垒作用，做好思想工作。

我们的队伍成分，除少数是学生外，绝大多数是出身贫苦的农民。他们深受封建主义的压迫，对于国民党反动派以及地方军阀的残酷压榨深恶痛绝，有着要求解放的强烈愿望。但是，由本身所处的地位和阶级的属性所决定，他们不可避免地存在着严重的小农经济思想，政治觉悟不那么高，组织性不那么强。特别是在游击战争时期，表现更为突出。加之，有些战士是从敌军中俘虏来的，有的是从民团中倒戈的，这部分人沾染旧的习气比较多，政治觉悟普遍不高。因此，师党委决定加强党的建设，开展政治思想教育，是非常必要的。在莲花寺，我们结合整编，建立党的组织，深入广泛地开展思想教育和纪律教育，收到很好的效果。不少战士积极要求入党，决心为共产主义事业奋斗一生。

陕北游击队第一支队在临时总指挥部的统一指挥下，经过余月战斗，由七十余人发展到一百多人，战斗力得到锻炼提高，武器装备也补充、更新了。主力部队还选派惠泽仁、魏武、康健民等同志在支队中任职，加强了领导力量。部队情绪极为高涨，指战员急于回陕北扩大根据地。师党委在葫芦河川东华池镇，举行了欢送大会。会上杨森代表四十二师党委讲了话，他勉励一支队回陕北后，根据包家寨会议精神，积极开展一路游击区活动，扩大根据地。一支队政委魏武致答词，表示要坚决执行决议，发扬红军传统，搞好游击战争。

## ○ 杨家店战斗

四十二师成立后，师部决定挥师南下，帮助照金根据地内各游击队，扩大游击区，寻机消灭敌人，为创建三路游击队做准备。11月中旬的一个傍晚，部队开到宜君县杨家店子。翌日，天气特别坏，清晨浓雾迷漫，笼罩了整个杨家店子上空，镇子周围一片模糊，什么也看不清楚。骑兵团住在镇子里，师部和三团住在距杨家店子十几里路的下川。

事先，我们并不知道杨家店附近有敌情，加之天气恶劣，警戒放得不太远，部队毫无作战准备。次日拂晓骑兵团正在做饭，突然枪声大作，敌八十六师左协中的二五六旅五一一团的一个连由焦家坪方向向我军偷袭。我军听到枪声，仓促应战，向镇外冲锋。无奈敌人占领有利地形，用猛烈的火力封住街道，我军因敌情不明，边打边向镇外撤退。师部经过了解，得知敌人只有一个连，没有后续部队，决定由我红三团消灭这股敌人。并命令骑兵团向焦家坪方向警戒，准备拦截增援部队和追击溃逃敌人。

敌人原以为我们是小游击队，所以采取偷袭办法，现在已看见我军不是游击队，同时见红三团已接近他们，便慌忙向杨家店后山撤退，企图占据制高点，与我军对峙。

下午一时许，我军开始攻山。我跟一连从正面冲锋，陈学鼎带二连从左侧进攻，先锋队由右侧向上迂回歼敌。

这股敌人非常顽固，他们凭借手中的优良武器和依托有利地形，向我军猛烈开火。我军战士，冒着枪林弹雨，连续冲锋，最后终于攻上山头，夺下敌人的阵地。敌人面对我军强大攻势，仓皇向后山败退。此时，我迂回部队已抄了敌人后路。敌人在我们的包围下，虽作多次垂死的挣扎，但终究没有逃脱覆灭的命运。敌连长李文杰被击毙，一百二十多人被我军全歼。打扫完战场，夜幕已经降临，我军当晚宿营在杨家店子附近。杨家店子战斗，我军伤亡很大，有三四十个伤员无处寄放，因而师部改变了原来的南下计划，于第二天，率部向南梁地区进发。

1990 年 5 月与乔苍松同志亲切交谈（右为王世泰）

## ○ 扩建根据地

南梁地区，系指葫芦河发源地各支流川道。有平定川、豹子川、大凤川、林锦庙川、二将川、荔园堡川、白马庙川、玉皇庙川，方圆百十里。它的中心是荔园堡川的南梁堡，故称南梁地区。这里是桥山山脉中的大梁山南麓，地处甘肃庆阳、合水，陕西保安、甘泉四县交界地。南梁地区重峦叠嶂，沟壑纵横，梢林密布，地形复杂，远离陕、甘、宁三省统治中心，是个三不管地方。毛泽东同志在《井冈山的斗争》一文中指出，建立根据地必须具备五个条件。南梁地区，基本具备毛泽东同志论述的五个条件。为了迅速打开局面，为创建南梁根据地准备条件，部队到达南梁之后，兵分两路，师部带三团向东活动，骑兵团向西活动。师部率三团东进咸榆公路，消灭沿线敌人的地方武装。在甘泉县道佐铺消灭敌民团三四十人，随后偷袭甘泉未克。部队转由洛河川向北行进至葡萄沟门时，遭到敌二五六旅一个营和二百多人民团的进攻。

这部分敌人是奉命从延安方向前来追击我军的。师部发现敌情之后，命令我团先把部队埋伏在葡萄沟门庄子两侧的有利地形，派一少部分部队装作游击队样子，诱惑敌人进我埋伏圈。狡猾的敌人，进攻很慎重，行动很缓慢。到了离村庄二三里地的地方，便停止了前进，使我军伏击计划未能实现。在这种情况下，志丹下令撤出战斗，返回南梁。

在诱敌战斗中，敌我伤亡均不大，但是令人痛心的是，少年先锋连连长王有福同志不幸牺牲。王有福同志，十几岁参加陕甘游击队，在志丹的关怀教育下成长，成为一名坚强的共产主义战士。他机智勇敢，革命很坚决，率领战士出色地完成过无数次艰险任务，经常受到表扬和嘉奖，所以有福同志牺牲后，我们非常难过。特别是先锋连的战士们悲痛不已，纷纷要求报仇雪恨。

骑兵团先在荔园堡、阎家洼子、赵家沟门一带肃清了小股敌人，后又全歼新堡民团与东路军会师于二将川，消灭了当地部分反动武装，拔掉了敌人一些据点，为建立南梁根据地奠定了初步基础。

部队回到二将川之后，边特委和四十二师决定，趁战斗空隙，配合地方干部开展工作。部队以连、排为单位协同地方干部分别在平定川、豹子川、太白川、白马庙川、玉皇庙川、二将川、东华池、葫芦河川一带宣传群众、组织群众、激发群众的革命积极性，帮助建立二路游击队。同时决定，在南梁一带建立地方机关和师后方留守分队，把伤病员安置在平定川、豹子川一带治疗、休养。

1933年12月初，地方党组织在军队的帮助下，先后在二将川、东华池、葫芦河川等村组建农民联合会，把农民、手工业者、妇女组织了起来。同时，组建起南梁、小河沟、荔园堡、豹子川、东华池五个赤卫大队，共计一千余人，用梭镖、大刀、猎枪和少量步枪武装自己，担负站岗、放哨、送信、监视土豪恶霸、转移伤病员、保护群众等任务，积极配合主力红军作战，发展壮大南梁根据地。

1934年元月上旬，师指挥部决定四十二师南下，帮助三路游击队扩建游击区，同时护送王泰吉同志出边区。在此之前，王泰吉同志曾向师党委提出要离开部队去搞兵运工作。师党委经过慎重研究，考虑到他的安全问题，挽留他不要去。但泰吉同志认为他有许多老同志、老部下，搞兵运工作比较有把握，坚持要去。最后，师党委同意了他的要求，并决定师长由志丹同志担任。

部队由南梁出发，经廉家砭、固城川，沿宁县、正宁县山边南下，直抵淳化县蒋家山、马家山一带，与王泰吉同志分手。事后得知，泰吉同志离开我们之后，前往淳化县通润镇其旧相识民团团总马云从家，被马云从出卖，押往西安，惨遭杀害，英勇就义。泰吉同志的壮烈牺牲，使我党失去了一位好战士，我们失去了一位好战友。特别是他那种宁为玉碎，不为瓦全，视死如归的革命气节，受到人们的崇敬，值得我们永远学习。

部队南下到达淳化之后，便在淳化、旬邑一带活动了一个时期，帮助各游击队整顿组织，发动群众，扩大游击区，并相机打击了些小股地方反动武装。继后，部队挥师北上，返回南梁地区。

在北上途中，我军有天傍晚来到正宁县湫头塬南邑村宿营。南邑村沟畔有个堡子，四周临沟，仅有一个吊桥通过。堡内住着一家大地主，但没有武装。鉴于红军当时经济紧张，志丹决定让三团派人夺寨打土豪。于是，我命令一个排的战士，化装成便衣占领堡子，没收堡内地主的财产。当晚发生了高岗违犯军纪的事件，在战士中造成极坏的影响。

三天之后，部队到达南梁地区的廉家砭，召开了师党委会议。会上严厉地批评了高岗的错误，决定撤销其师政委职务，调二路游击队当政委。师政委一职由杨森同志接任。

## ○ 三四年春节

1934年春节快要到了，按我国传统，春节群众大都合家团圆，摆上丰盛的佳肴，辞旧迎新。但是，南梁地区的群众本来生活就十分艰苦，加之红军后方机关、伤病员驻在这里，无疑又增加了群众的困难。为了减轻根据地群众的负担，让红军战士过个好年，志丹同志决定，趁春节期间，南下到耀县、铜川一带活动，打土豪，为红军搞经费。

腊月二十几，部队到达照金根据地集结，并派侦察员去耀县城附近侦察。途中，我们在石底子顺便收编了由黄龙山窜逃过来的土匪杨谋子部五六十人，并令其跟随我军活动。志丹根据侦察员报告，了解到耀县驻敌不多，且忙于过年，戒备松弛，遂决定偷袭耀县附近的寺沟南堡。

寺沟南堡，距耀县城三四里路，是耀县大地主比较集中的地方。堡子有少数地主武装据守，比较坚固。因此，只能偷袭，不能强攻。

腊月三十，天下着鹅毛大雪，满山遍野成了银色的世界。凛冽的寒风，不时怒嚎，想要荡尽天空中的阴霾。傍晚，部队由照金出发，经过一夜的行军，于拂晓时分到达寺沟南堡。按预定计划，部队埋伏在城门附近和北山半坡的雪地里，准备待天大亮后，趁敌人开城门时冲进城里。结果，我军行动被城上哨兵发现，偷袭未成，志丹当即命令部队撤出，向距耀县五十余里的北塬前进，准备攻占生义堡。

生义堡位于北塬沟畔的一个山嘴上，三面临沟，一面靠塬，靠塬的一面上架吊桥，抽去吊桥，人就无法进寨。寨子里住着一户大地主和几家群众。

下午三四点钟，部队到达北塬。志丹决定大部队在距生义堡一里处隐蔽待命，让三团抽调几名少年先锋连的战士化装巧夺生义堡。

我接到志丹命令后，即令芮四带两名战士化装成拜年的老百姓，伺机混进堡内，约定进城占领城门，控制吊桥后、鸣枪为号，大部队再行跟进。

芮四等机敏过人，装扮得很像，不到半个小时，便顺利地混进堡子，控制吊桥，发出信号。听到枪响，志丹令骑兵进攻，迅速占领了堡子。随后，师部和三团跟着进去，骑兵部队则撤到附近村子宿营。

这户大地主家有三十多口人，掌柜的不在家，其他人我们没有伤害，只没收了财产。地主家的东西真不少，仅准备的年饭，让我们这些不速之客足足吃了一个礼拜，过了个肥年。少年先锋连的战士还把地主家的花衣服穿上，组织秧歌队，又唱又跳，热闹得很。

正月初十，部队离开生义堡，在耀县、铜川一带活动了一些日子后，向南梁地区北上。部队行进至合水县蒿须堡时，发现所收编的杨谋子部企图逃跑。如果让这股土匪逃窜，将会给人民群众带来极大的危害。志丹决定消灭这股土匪。

杨谋子曾在黄龙山地区为匪多年，四处流窜，祸害人民，杀人抢劫，无恶不作。后慑于我红军的威力，为保全其实力，不得已才接受改编的。他不是诚心赞同革命，也不是我军的同路人。对此我们早有防备。

鉴于这股土匪大部分是亡命之徒，特别是杨匪的七名贴身保镖，号称"提枪不落空"。为了避免我军不必要的伤亡，志丹召集我们几个负责同志，研究了消灭敌人的办法，并命令我负责指挥，执行任务。我接到志丹的命令，迅速作了战斗部署，令一个排占领村后高山，叫骑兵团集结做好临战准备，以防不测，同时命令部队作出发的准备。让一连战士在村内街道架起大火，佯装烤火，吸引敌人，然后听我号令，分别擒获敌人。

2月的清晨，天气格外冷，熊熊大火确实具有强烈的吸引力，敌人果真三五成群地与一连战士夹杂在一起烤火，等待出发。为了稳住杨谋子，我带了几个警卫员，在街头与杨谋子闲谝。由于我们的计划缜密，杨谋子丝毫没有觉察，两人谈得很火热。

不久，志丹令人前来传我和杨谋子到师部开会，说研究下步军事行动。此刻，我心里明白，杨匪糊涂。当我们走进师部大门后，早已埋伏在门后的我军战士，便突然擒住杨谋子和他的两个护兵，缴了他们的枪。

擒住杨谋子后，我返身出门，发出"集合"的暗号，听见暗语，一连战士立即动手，一会儿工夫，全擒了杨谋子所属匪部。经师部研究决定，当场枪决了杨谋子及以下几名罪大恶极的匪首，其余的经教育，发放路费，打发回家。

随后，部队返回南梁根据地。

## ○ 三路游击队

为了贯彻包家寨会议精神，红四十二师抽调了一批军事干部，拨出部分武器弹药，协助地方组织扩建游击区的工作。

第一路游击队，原定以强世卿的陕北游击队第一支队为基础逐步扩大。由强世卿担任总指挥，魏武任政委，活动地区以安定县为中心，逐步向四周发展，以期达到与南梁根据地打成一片的目的。1933年11月中旬，强世卿、魏武率部队百余人离开红四十二师向北开拔，11月15日到达安定县境内。由于游击队总指挥部求战心切，对敌情估计不足。于20日仓促向枣树坪井岳秀部一个正规连发动攻击，经过激烈的战斗，未能攻克，部队损失很大。惠泽仁等五位同志阵亡，总指挥强世卿身负重伤，离队养伤，后被叛徒出卖，惨遭敌人杀害。部队由魏武率领向北转移，途中又遭文家铺敌人袭击，魏武不幸牺牲。为了摆脱困境，部队分两路继续北上至安定北区活动，但因损失过大，得不到及时补充，活动受阻，最后被迫分散活动。这路游击队虽然未能实现预定任务，但在群众中留下了深刻影响，其中不少同志继续坚持战斗，为恢复陕北游击队，作出了重要贡献。

第二路游击队，是庆阳、合水、保安三支游击队发展壮大起来的。总指挥杨琪，开始没有政委，后高岗任过一段政委。辖合水游击队（队长张振东）、庆阳游击队（队长杨培盛）、保安游击队（队长刘约三）、安塞县游击队（队长王子长、政委吴亚雄）四支游击队。在杨琪同志领导下，庆阳游击队先后收缴了东华池民团二十几支枪，动员六十余名青壮年参加游击队。他们以奔袭、偷袭等战术，接连消灭了太白镇、廉家砭、葫芦河三处民团，缴获长短枪八十余支，进一步壮大了自己，开辟了根据地。二路游击队的合水游击支队先后消灭南梁民团三十余人，活捉阎家洼子团总，缴枪三十余支，使游击队迅速壮大起来。保安游击队，曾配合骑兵团在赵家石洼歼灭张廷芝部三十余人。这样，二路游击队先后消灭了东华池、林锦庙、高台儿、刘家坪、阎家洼子等民团据点，巩固和扩大了南梁革命根据地。

安塞腰鼓山

　　第三路游击队，是以照金游击队总指挥部领导的各游击队为基础发展起来的。第一任总指挥张明吾，出任不长时间被叛徒暗杀，王安民继任第二任总指挥，后在老爷岭战斗中英勇牺牲，总指挥由陈国栋担任，政委张仲良。三路游击队主动出击，先后消灭柴场子、淳化桃园等地民团，不断配合主力红军作战，发展壮大自己力量。1934年辖宁县游击队（队长杨生财，指导员邵培田）、正宁游击队（队长陈德才，指导员赵铁娃）、平子游击队（队长何炳正，指导员郭炳坤）、赤水游击队（队长王振西，指导员王有信）、淳耀游击队（队长张占虎，指导员冯德才）、富甘游击队（队长边德荣）、中宜游击队（队长邵成林，指导员牛书申）、九支队（队长瓜子老一，指导员穆天祥）、特务队（队长张家伯，跟指挥部活动）和底庙游击队（旬邑）。最后还成立了个回民支队。每个游击队有三四十人，共计五百余人。第三路游击队各支队基础很好，历史比较长，早在1933年春季就战斗在照金根据地周围。这些地区敌人反动势力强。他们经历过多次艰苦的战斗，锻炼了部队，打击了敌人，巩固和发展了根据地，为革命作出了卓越的贡献。

　　自从红军到达南梁地区以后，群众武装广泛建立起来，地方游击队得到迅速成长，从而形成了主力红军、地方游击队、群众武装三位一体的游击战争的军事系统。到了1934年2月，以南梁为中心的陕甘边红色区域迅速扩大到包括保安、安塞、甘泉、富县、庆阳、合水、宁县、正宁、旬邑、淳化、耀县、铜川、宜君和黄陵等14个县的部分地区。

　　为了统一领导根据地的政权建设和土地革命，巩固后方，支援游击战争，陕甘边特委于1934年2月下旬，在南梁地区的小河沟四合台召开陕甘边区工农兵代表大会，正式成立起人民的政权机关——陕甘边区革命委员会，选举习仲勋为主席，白天章为副主席，以及土地、劳动、财政、粮食、肃反、文教等委员。

　　1934年春，四十二师党委派惠子俊、强家珍、马仰西等同志到庆阳以北一带开展工作，开辟了庆北苏区。

至此，以南梁为中心的陕甘边革命根据地正式形成。这是毛泽东同志红色政权理论在西北地区的具体实践，也是以刘志丹等同志为代表的师委、陕甘边特委正确军事路线的胜利。

## （三）众志成城反"围剿"

红四十二师的建立与频繁出击，陕甘边革命政权的诞生与根据地的不断扩大，直接威胁着敌人在这一地区的统治。根据地周围的官吏、豪绅更是如丧考妣，四处活动，乞求陕甘军阀"围剿"我红军和根据地。于是一场大规模的反"围剿"斗争，便展现在陕甘边军民的面前。我根据地军民众志成城，团结一心，经受了严峻考验，先后粉碎了敌人的多次"围剿"，保卫了红色政权，保卫了根据地。

### ○ 布阵巧歼敌

1934年3月，陕甘军阀迫不及待地命令驻守庆阳一线的仇良民团、王子义团和民团团总谭世麟部向我红军和根据地分兵"进剿"；命令耀县守敌干部团、特务团、旬邑何高侯团、洛川冯钦哉部一个团和延安张瑞卢团，陈兵堵截。敌人用心十分险恶，妄图实现其在中宜一带截击我不能东进，封锁洛河阻我不能北退，南面大军压境使我不能交锋，西部重兵扼守使我不能突围，最后迫我与其在南梁地区决战的阴谋。

志丹纵观全局，洞察敌情，与师指挥部其他同志研究制订了反"围剿"的方针和军事计划，决定充分发挥游击战争的特点，跳出外线，寻找战机，诱惑敌人，歼灭弱敌。命令红军主力积极做好外线作战的准备，命令二、三路游击队的各游击队，原地战斗，牵制敌人。

3月上旬，志丹率四十二师，由南梁出发，从宁县、正宁南下，突然出现在照金以北地区。敌人误认为我军南进，急令南线之敌正面堵截。我军当即挥师向铜川、宜君方向的咸榆公路转战，先后袭击瑶曲、大石板、五里镇民团，歼敌百余人。未待敌人查明我军动向，我军又转向西北，涉过沮水，在店头消灭民团一部，俘缴人枪各二十余。继后，我军沿槐树庄经张村驿、黑水寺过太白镇回南梁根据地东华池一带，作短暂休整。

3月下旬，志丹同志率红四十二师和二路游击队的保安游击队，由南梁北上，采取声东击西的战术，佯作进攻保安县，并有意把消息透露出去。当部队从保安县金鼎山渡过洛河到达距保安县城80里路的地方，突然调头西进，经过小蒜川，向三道川前进，当天打了蔺家砭、崖窑之敌。打蔺家砭时志丹命令保安游击队远距离包围敌张廷芝驻地金佛坪寨子，命三团和骑兵团攻占蔺家砭。这一仗打得干脆利落，打垮张廷芝一个新兵营，歼敌一百多人，缴枪五十余支。打下蔺家砭后，志丹急令骑兵团火速前进，又一举消灭驻崖窑的一个骑兵连，缴获全部枪支、马匹等。与此同时，我军捣毁了张敌老巢，并当即封锁向西的交通要道。

翌日，我军继续西进，跨过高桥时，志丹派便衣接近村庄，大部队随后跟进，突然抄了国民党庆阳县第四区高区长的家，抓了高区长和几个土豪，缴获枪支三十余和大批银元、物资。嗣后，我派三团一部迅速占领元城子街道，歼敌数十人，包围了谭世麟老巢刘家堡子，掩护大部队通过，直扑李家梁子。在李家梁子，我军又歼敌谭世麟儿子谭振武所带一连骑兵，缴枪五十余支，获马五十余匹。

正当我军南下照金，东出宜君，北上保安，西进庆阳，迂回外线，转战千里之时，敌仇良民团纠集地方民团千余人，于3月中旬，窜犯我南梁根据地，杀人放火，掠劫财物。敌人丧心病狂地用铡刀杀害我农会主席白杨珍、土改委员会干部曹思忠以及红军修械所工人李青山等六人，在阎家洼子等地活埋游击队伤员、地方干部和群众数十人，在老庄河烧毁粮食十余石，牛羊牲畜被赶走。随后，敌仇部又北上保安灭绝人性地抄了志丹同志的家，挖了刘家老坟，杀害志丹亲属数人。

穷凶极恶的敌人，在根据地所犯的累累罪行，更加激起广大指战员和边区群众的义愤，反"围剿"斗争空前高涨。二路、三路游击队和各地赤卫军，带领群众坚壁清野、奋勇抗战，使敌人耳目闭塞，消息不灵，饥恐交加，吃尽苦头，最后以在西华池被我军全歼两个营、一个机炮连宣告"围剿"彻底失败。

## ○ 西华池大捷

我军在李家梁子歼敌一个骑兵连之后，插过五蛟、悦乐、城壕川进至合水县城附近的赵家塬，摆出攻打合水的架势，诱敌上钩。愚蠢的敌人摸不清我们的意图，被我们牵着鼻子打转转。当我们攻打元城子、李家梁子时，谭世麟就向庆阳守敌王子义求援，王子义马上令其团副带两个营、一个机炮连赶往元城子增援。当敌人到达元城子附近时，我军早已抵达合水城下宿营。合水敌人见我军大队人马兵临城下，恐慌万状，随即向庆阳告急，王子义闻讯，又令元城子之敌连夜向合水追来。没等敌人赶到合水县城，我军便于第二天早上离开赵家塬向西华池行进。敌人两次扑空，气急败坏，不顾疲惫，恼羞成怒地紧追我军不舍。

这股尾追之敌，没有同我军交过战，不知道红军的战斗力。认为他们是国民党正规军，根本不把红军放在眼里，骄傲自负，不可一世，大有把红军一口吞掉的气势。敌人三十多个骑兵的马鞍上都带着一捆绳子，狂妄地叫嚣要用这些绳子捆红军。

志丹同志原先估计，敌人经过长途跋涉到达合水，已经精疲力尽，当天不可能追赶我军，想趁庆阳城防空虚之机，利用夜间奔袭庆阳城。所以，当部队到达西华池后，志丹一方面命令部队作夜间奔袭庆阳的准备，一方面开干部会研究部署作战计划。

下午三时许，我们正在开会，突然接到二路游击队来人报告说："远处发现敌人！但还搞不清是地方武装还是正规军。"志丹命令："继续侦察！"过了一会儿，侦察员报告说："是敌人正规军。"

情况有了变化，志丹当即决定散会，说："这股敌人马不停蹄地赶来送死，我们给他来个干脆彻底的消灭！"

接着，志丹、秀山、杨森同志和我一起登上北城墙，观察敌情。我们拿望远镜一看，只见敌人排成几路纵队，杀气腾腾向我军扑来。

志丹回过头对我说："你组织红三团从正面阻击敌人，不管花多少代价，也要把敌人打下去。我和杨森组织骑兵团（此时，骑兵团大部分战士在沟下饮马）投入战斗。"

我当即命令号兵吹号，集合部队。命令三团一、二连隐蔽在北门外一条横沟渠塄坎下待命，规定敌人不到200米内不准开枪，命令先锋连死守北城墙，掩护一、二连冲锋。我的指挥位置在城墙东北角上。

敌人越来越近，距我军三四百米远，突然散开向我军发起进攻。这时，正在沟底饮马的骑兵团大部分还未上来，只有一连一排已经上来。排长李守成看见敌人蜂拥而至，情况危急，主动率领全排战士，从正面冲向敌群。由于敌人火力太猛，冲锋未能奏效，李守成和几名战士当场牺牲，其余的撤退下来。

敌人气焰更加嚣张，狂吼乱叫着继续向前进攻。看见战友倒下，三团战士怒火燃胸，集中火力射出一排排复仇的子弹，硬是把敌人压了下去。顽固的敌人，接着又发起第二次进攻，我当即命令先锋连用火力顶住敌人，让一、二连跳出隐蔽地，向敌人发动猛烈的反击。

此时，骑兵团已经集合起来，张秀山、赵国卿奉志丹命令，率部飞速迂回到敌后，切断敌人的退路，向敌指挥所和机炮连冲去。二路游击队也在杨琪同志的指挥下，由东沟畔向敌人攻击。这样就形成南北东三面夹击敌人的形势。

震耳欲聋的枪炮声，回荡天际的喊杀声，混成一团。骑兵团战马嘶鸣腾空而起，风驰电掣地扬起弥天尘土，横扫敌群。敌人前后受到夹击，魂飞魄散，溃不成军，迫击炮、重机枪顿时变成哑巴。战士们与敌人短兵相接，厮杀格斗。

担任守城掩护任务的先锋连，见兄弟连队都在奋勇杀敌，急得齐声向我请战。不等我批准的话落音，性急的队员干脆就从城墙上跳下去，扑向敌群。

敌人在我军的包围合击下，失去指挥，无力抵抗，大部分乖乖地缴械投降。还有一部分被压在西沟畔和沟底里。我骑兵团绕过西沟畔，堵住沟口，我步兵战士跟着跳下深沟，穷追不舍。逃进沟底的敌人，眼见前有堵截，后有追兵，上天无路，入地无门，全部当了俘虏。

经过两个多小时的激战，除敌团副带领十几人侥幸逃脱外，其余全部被我军消灭。我军缴敌枪支六百余、迫击炮两门、重机枪两挺，毙敌伤敌近百名、俘敌五百多人。战后，三团二连战士抬着迫击炮又蹦又跳，爱不释手。第二天行军时，他们硬是不让骡子驮，轮流抬着走了一天，以此分享胜利的喜悦。

西华池歼灭战，打得非常漂亮，打出了我军军威。总结经验，我认为这仗的胜利在于：一是，以志丹为首的师部指挥正确，部署得当，紧紧抓住了运动中歼灭敌人的战机；二是，骑、步配合紧密，牢牢掌握了战场中主动权，没有给敌人喘息的机会；三是，我军战士连打胜仗，士气旺盛，战斗中敢打敢拼；四是，敌指挥员骄傲自负，敌士兵疲惫不堪。

西华池大捷，是我军继奇袭合水县城和打垮敌赵文治团之后的又一重大胜利。这次战斗，对粉碎敌人大规模的"围剿"，开辟第二路游击区，起了决定性的作用。

## ○ 三里塬战斗

西华池大捷后，陇东敌人暂时不敢出来。师部决定将缴获的大批武器装备二路各游击队，将一些重武器和物资送回南梁，然后率主力南下，帮助发展三路游击区。

5月初，志丹率部向耀县挺进。途中，志丹决定顺便拿下敌马栏据点，后因马栏敌人据守坚固碉堡，一时难以攻克，遂决定放弃进攻，直抵耀县城附近。

在耀县，志丹命令我带三团一、二连各一部，攻占黄堡寨子，命令张邦英带领二连一个排到泥沟了附近，他曾经教过书的小学里，抓土豪的儿子作人质，迫使土豪用钱赎人。志丹带大部队到耀县东塬打游击，拔据点、搞经费。

黄堡寨子，位于耀县至铜川中间的咸榆公路上。寨内有个地主，过去在国民党军中当过营长，枪法很准，手下有十几个武装，平时据守孤寨，祸害人民，对游击队活动妨碍很大。我接到命令后，夜间带部队出发，天亮前到达寨子跟前，挑选了一些精悍的战士埋伏在寨门附近。由于我们行动秘密，敌人没有觉察。等天大亮开城门时，战士们便趁机夺下第一道寨门。正在这时敌人发现了我们，开枪阻击，当场打死我两名战士。我命令战士强攻，终于夺下第二道寨门。消灭了寨内十几个敌人。那个当过营长的家伙，看到寨子守不住，便狡猾地从寨子北面的树上吊绳子逃跑了。战士们发现后，跟踪追击，将其击毙在咸榆公路上。寨子里东西非常多，我们搞到一大笔经费。

打下黄堡寨子，我们按预定地点同大部队会合。在耀县活动将近一个星期后，便由耀县城西直插过去，准备奔袭淳化县城。

经过两天行军，部队到达淳化境内。志丹命令我三团担主攻任务，并决定一连由南门攻城，二连从东门攻城，三连和先锋连作预备队。

　　淳化县城，东临冶峪河，西靠大山，东南通道敌人防范较严。夜间，我率部队急行军，向淳化城摸去。但因路途太远，我们到达城根时，天快亮了。正当部队向城东、城南运动时，敌人已经发现我们。

　　情况突变，师部当即决定放弃夺城计划，迅速撤退。此时，敌人火力已封锁了我二连退路。我命令部队用猛烈的火力，压制敌人火力，费了很大的劲才使二连撤退下来。

　　我军撤出战斗，即向十里塬、马家山方向转移，并在这里休整一天。第二天，三路游击队总指挥部送来情报，说敌何高侯团的两个连，从土桥出发去淳化，即将路过三里塬。

　　接到情报，志丹和杨森同志决定消灭这两个连。命令驻守三里塬下塬的骑兵团和游击队，由两面向敌人包围，命令红三团由马家山跑步赶到三里塬投入战斗。等敌人发现被我军包围时，已无法逃跑，被迫龟缩进甘家嘴村抵抗。

　　三里塬甘家嘴，在一个塬把子上，东西两面是陡峭的深沟，南北方向是个半截塬。村子上一片小开阔地，有个场院，四周筑有围墙。敌人据守场院，负隅顽抗。

　　战斗打响后，我红三团一、二连分别由村东、北两面发起攻击。村子南面地形不好，骑兵无法展开，师政委杨森命令战士下马徒步冲向敌人。敌人面临覆灭的命运，企图"背水一战"，火力相当猛烈。冲锋中，杨森不幸头部负伤。战士见师政委负伤，气得直咬牙，连骂带喊，扑向敌人。

　　由于敌人凭借场院拼命射击，三团进攻受阻，十几个战士负伤。我立即命令一、二连组织火力压住敌人，利用庄稼、地坎，匍匐前进。在火力掩护下，一、二连强攻，占领敌人阵地。

　　敌人阵地被突破，两连敌人顿时土崩瓦解，大部分敌人缴械投降，小部分企图逃跑，被我军压在沟底。沟底有个水坑，十几个敌人跳沟时落入水坑，被我二连一排长几个手榴弹，全部炸死。

这一仗前后打了两个多小时，全歼敌人两个主力连，我军也伤亡三四十人。战后，伤员交给三路游击队指挥部安置，俘虏和缴获的枪支、物资交给他们处理。因杨森负伤张秀山继任师政委。

张秀山

## ○ 冲破合围圈

从三里塬战斗缴获敌人的文件中得知，西华池战斗，震动了陕甘军阀，敌人恼羞成怒，制订出一个新的"围剿"计划：仇良民团和庆阳民团向南压境；新调马弘章骑兵团驻守山河（正宁县政府所在地）封锁西路；冯钦哉团一个营和几百民团在直罗镇、黑水寺；另两个营在杨家店、转角镇一线进行拦截；何高侯团与几县民团由淳化、土桥向我出击。妄图围歼我军于小关中游击区。

敌情紧急，形势严重。师党委和志丹同志作了紧急动员和部署，命令部队北上迅速跳出合围圈。

部队离开马家山，经过一天一夜急行军，天亮到达五顷园子。这时，师部又接到消息，冯钦哉一个营已到达石底子堵截我们。志丹决定红三团先行消灭这个营，打开北上通道。

三团接到命令后，即向石底子出发。我跟尖兵排行进，以便于及时组织战斗。

走了一个多钟头，突然，听见后方响起了激烈的枪声。由于情况不明，没有接到师部指示，部队继续前进。又走了一段路，从后面传来命令："让王团长停下！"命令只是一句，我也摸不着头脑，只好一人留下，让部队继续前进。

就在这时，我骑兵团一下子退下来，把步兵行军队伍冲乱了，敌人骑兵紧跟着追上来。这时，我看见敌人冲上来，只抓到三团二连一个排，叫其迅速占领一座小山头，用火力阻击敌人。在我火力的阻击下，敌人暂时被顶住，赢得了我军撤退的时间。当时，敌人留一部与我对峙，大部分绕开我火力，继续向我大部队追击。

与敌人相持半个多钟头后，我们的子弹快打完了，而敌人后续部队也上来了。于是，我命令部队交叉掩护向西沟撤退，穿过茂密的灌木林，登上西山梁，才算摆脱敌人。至天黑，我们在这一带又收容了一百多名战士。

当晚，敌人撤退了。我带部队返回五顷园子宿营，做了思想工作，稳住了部队的情绪。天快亮时，二连发现有个耀县籍的班长，煽动七八名战士企图持枪叛逃。我让二连连长陈学鼎把为首的抓起来，经过审问，就地枪决了。其他胁从人员进行了教育。第二天，我带部队到战场上，掩埋了十几名阵亡战士，把伤员安置在五顷园子附近群众家里养伤。第三天由五顷园子出发经石底子、上畛子，于第五天到达丁字川上川。在这里，我们与三团一连指导员王伯栋、二连指导员张邦英、少年先锋连指导员黄罗斌所带的部队会合，当晚宿营在和尚塬。

翌日，刚刚吃过早饭，冯钦哉一个营同二百多人的民团由黑水寺沿川追上来，与我警戒部队接火。鉴于部队连续行军疲劳不堪的实际情况，我当即决定留一个排担任掩护，其余部队沿一条小沟撤向北山。撤退中，陈学鼎同志负了伤。我军撤退后，敌人也没敢贸然追击。自此，我三团才算跳出包围圈。两天之后，回到南梁荔园堡与师部、骑兵团会合。

五顷园子一仗，没有打好。究其原因有三：一是情况不明，消息不准，遭到敌马弘章骑兵的袭击；二是部队连续行军作战，极度疲劳，影响战斗力；三是战斗中各级失掉指挥，因此造成部队伤亡二三十人，丢掉一门迫击炮、一挺重机枪和一批辎重的损失。

## ○ 痛打 "敢死队"

5 月底到 6 月初，陕甘边特委和师党委在荔园堡召开联席会议。会议主要内容是为了加强红四十二师与各路游击队的领导，决定成立陕甘边军事委员会。与会人员有志丹、杨森、仲勋、秀山等和红军团级主要负责人。会议一致推选刘志丹同志担任陕甘边军事委员会主席和边特委军委书记。同时，任命杨森为四十二师师长，高岗为政委。这次会议推选志丹为陕甘边军委主席，是革命的需要，也是我们军政干部的心愿。事实上，志丹由终南山回到照金之后，陕甘边的一切军事活动，都是在志丹亲自领导和指挥下进行的。因此，志丹就任军委主席，不仅有利于陕甘边红军和各路游击队的统一领导、统一指挥，而且也增强和鼓舞了广大指战员必胜的信心。

鉴于南梁地区红军给养困难，6 月上旬，志丹决定由师长杨森率骑兵团北上陕北，与谢子长同志会合，介绍陕甘边革命斗争形势，并送去一批军用物资给陕北游击队，同陕北游击队一起活动一段时间。并决定志丹亲自带领红三团开往保安县作短期休整。

红三团离开南梁，经过三天的行军到达保安县马子川。马子川位于旦八寨子与金鼎山之间，旦八寨子守敌十分顽固，金鼎山也是敌人据点，因此我们在马子川休息两天后，准备继续北上。清晨，大雾弥漫，敌高双成旅高雨亭营和保安县二百多人的民团，趁大雾向我突然进攻。

高雨亭营是敌高双成旅战斗力最强的一个营，历来驻守保安县，是专门对付我红军和游击队的一支反动的部队。

早上 9 点多钟，战斗打响，敌人攻势凶猛。由于有雾，一时搞不清敌人兵力情况，志丹命令我指挥部队一边阻击一边由庄子里向十里山梁撤退。

战斗从早上一直打到下午 4 点多钟。我们突然发现，狡猾的敌人从正面进攻意在拖住我们，另一路百余人组成"敢死队"（事后得知叫敢死队），向我军侧后迂回，企图断我退路。

发现敌人意图后，志丹命令第二连跑步抢占一个高山头。我们的战士，一鼓作气，先于敌人占领高山头，并用猛烈的火力，压住"敢死队"。随后，我其余部队在一连的掩护下，陆续撤退到山顶上。

敌人正面部队见我军已占山头，停止进攻，但"敢死队"仍不停地向我阵地冲锋。这个"敢死队"每人一长一短两件武器，进攻火力很强，有的干脆脱掉上衣向上冲。

战斗在激烈地进行着，志丹同志把我叫到跟前说："敌人气焰这样嚣张，攻势很凶，打了一天还摆不脱，你看怎么办？"

我说："我们控制了山头，居高临下，组织反冲锋，先打垮'敢死队'，其余敌人就垮了。"

志丹同志说："对，我也是这样想的，你现在迅速组织力量，坚决把'敢死队'打掉！"

反冲锋将是一场激烈的战斗，我怕志丹留在这里有危险，叫他带团部先走，志丹坚决不走。他不走我有后顾之忧，所以我让几名战士硬把志丹扶上马。志丹临走时，再三叮嘱："这一仗一定要把敌人打垮，否则我们在南梁根据地很难站住脚。"但是，志丹走到不远的一个山头上，就不走了，他实在放心不下部队。

志丹走后，我集中十几名优秀射手，在高山西侧射击敌人，命令先锋连死守山头，把手榴弹集中起来，准备杀伤敌人。规定敌人不到三四十米，不准投手榴弹。同时对部队作了动员和调整，命令一、二连组织突击队，准备向敌人左右两侧反冲锋。

此时，敌人又连续发动三次冲锋，均被我军打下去。当敌人狂呼乱叫着对我发动第四次进攻时，我军进行了反冲锋。成束手榴弹在敌群中爆炸，一、二连从左右两侧突然出击，先锋队从正面压下去，一直把敌人压到西南面沟里。打死打伤四五十敌人，缴获了一部分枪支。由于天黑了我们没有继续追击敌人。

这场恶战，打垮了高雨亭营，保卫了南梁根据地。高敌自此以后，不敢那么嚣张，轻易出来打红军了。

由于红军跳出敌人在小关中的合围圈，采取机动灵活的战术，在各路游击队的配合和根据地人民的大力支持下，不断打击敌人，使敌人新的"围剿"计划再次落空，退出根据地。

## ○ 阎家洼会议

红四十二师和二、三路游击队组建以来，在陕甘边特委和师委领导下，艰苦战斗七个月，转战东西南北，经历大小数十仗，歼敌两千余人，胜利地粉碎了敌人对陕甘边根据地的多次"围剿"，巩固扩大了照金和南梁根据地，建立了陕甘边革命委员会和中国工农红军陕甘边军事委员会。

与此同时，陕北革命斗争形势也在蓬勃发展，特别是谢子长同志回到陕北以后与陕北特委一起，领导游击队与敌人开展积极的斗争，使游击队迅速发展壮大，并于7月初在安定县杨家岔正式成立陕北红军游击队总指挥部，总指挥由谢子长担任，郭洪涛兼任政委，贺晋年任参谋长。总指挥部一经成立，就在谢子长同志的亲自指挥下，开展了轰轰烈烈的游击战争。7月下旬，谢子长率陕北游击队南下与红四十二师会合。

两支兄弟部队会合，使南梁根据地顿时热闹起来。边特委和军委以及边区群众对兄弟部队的到来，表示热烈欢迎，杀猪宰羊，进行慰问，并赠送了一批武器；陕北游击队总指挥部也派人慰问了红四十二师的伤病员。两支部队亲密无间，交流经验，互相学习，充分体现了手足的情谊，战斗的团结。特别是志丹、子长两位老战友相逢，更是激动不已，总结回顾了过去斗争的经验教训，商谈议定了今后的行动方针和任务，并决定在阎家洼子召开联席会议。

7 月下旬，陕甘边区特委、红四十二师党委与陕北特委、陕北红军游击队总指挥部召开联席会议。会议的主要议题有三条："一是总结陕甘边根据地和四十二师革命斗争工作；二是传达上海临时中央局、中央北方代表的两封信；三是研究商讨陕甘边、陕北今后工作的方针、任务。"

会上，首先由杨森同志代表红四十二师师委汇报了建师以来，部队发展和建设革命根据地的情况和今后发展方针、政策等建议。杨森的汇报和建议，得到与会大多数同志的赞同。大家肯定了四十二师成立以来，所做的各项工作，认为四十二师面对敌人多次"围剿"，进行艰苦卓绝的斗争，不仅有力地粉碎了敌人"围剿"，而且创建了南梁根据地，为革命作出了巨大的贡献。同时，认为四十二师所提出的今后方针符合实际，是可行的。

其次，宣读了上海临时中央局、中共北方代表的两封信。这两封指示信，因受当时统治全党的王明"左"倾教条主义的影响，不顾客观事实地把红二十六军坚持游击战争，为开创革命根据地进行艰苦卓绝的斗争，否定得干干净净。会上虽有个别同志，也对红二十六军进行指责，否定红二十六军的功绩，但其他与会同志在当时的情况下，即使还不知道王明的"左"倾教条主义，仍都感觉到那些空洞的议论，不符合事实的批评，没有也不可能解决任何实际问题。所以，大家对那两封指示信，没有进行议论，会议中心则集中于对现实问题的研究。

其三，对于陕甘边、陕北实际工作的讨论，会议取得了较为一致的意见，并形成了几个决议，会议同意杨森代表四十二师作的汇报和今后工作的建议；决定红四十二师派红三团北上陕北，粉碎敌人对陕北第一次"围剿"，（敌人此时的"围剿"集中于陕北，故称对陕北的第一次"围剿"，区别于后文所谈 1934 年底开始的对陕甘宁、陕北等区域较大范围的第一、二、三次"围剿"），发展和扩大革命根据地，争取尽快地把陕甘边和陕北根据地连成一片；决定撤销高岗四十二师政委职务，由谢子长任红四十二师政委。

## ○ 红三团北上

为了贯彻阎家洼子会议关于协助陕北游击队，粉碎敌人对陕北的第一次"围剿"，发展和扩大根据地的决议，8 月初谢子长同志率红三团和陕北游击队一、二、五支队，由南梁根据地出发北上，8 月 15 日到达安定县西区，拉开了反"围剿"斗争的序幕。

敌人这次"围剿"的兵力，是井岳秀的八十六师和一些地方民团。井岳秀系陕北军阀，多年来一直驻守榆林、绥德、延安地区，成为统治这一地区的"土皇帝"。由于陕北游击队在陕北特委的领导下蓬勃发展，不断打击敌人，严重地动摇了其反动统治。井岳秀为了维护统治地位，于 1934 年夏开始向安定、清涧、绥德及神府我游击区发动"围剿"，妄图消灭我游击队。

针对敌人采取以连为单位进行"围剿"的部署，子长同志召集我、罗斌（此时任红三团政委）、晋年等同志一起研究反"围剿"的方针和具体行动计划，决定集中兵力，以确保具体战斗中我军的绝对优势，消灭以连为单位的"清剿"之敌。

正在这时，我军得到敌人一个连从石湾镇出来到安定县金吴塌"清剿"的消息。子长同志决定消灭这股敌人。

金吴塌村，位于一条大沟的半坡上、有四五层窑洞，村后有一座高山，敌人驻守在村子里。

8 月 17 日，子长率三团和一、二、五支队，由驻地出发，夜行军到达金吴塌。子长命令红三团担任主攻任务，一、二、五支队配合行动，决定红三团由金吴塌村后高山向下攻击，游击队抢占沟对面和沟底，截断敌人退路。

拂晓，我军突然向敌人发起进攻，战士们犹如猛虎下山，一阵猛冲猛打，把敌人压到村子里。这一连敌人，虽然只有一百多人，但是武器精良，作战顽强，钻进村凭借院墙和窑洞，拼命抗击。经过激烈战斗，大部分被歼，一小部分被我军压到沟底下，被游击队消灭了。只有少数敌人，仍躲进窑洞里负隅顽抗。我记得敌人一个号兵和两个士兵，躲进一孔窑洞里，硬是不投降，还打伤了我几名战士，最后，我命令从窑洞顶上的烟囱向下投手榴弹，才将他们逼出来。这个被俘号兵经过教育，后来成为我军一名勇敢的战士。我的警卫员左友儿在冲锋时被打断一条腿，失血过多，不幸牺牲。左友儿同志，非常勇敢，是一个好样的战士，牺牲时年仅16岁。50年过去了，至今我对他的音容笑貌仍记忆犹新。这一仗，全歼敌人一个连，缴获枪支一百多。

金吴塌获捷后，我军迅速挥戈东进，经南沟岔、老君殿，绕道至清涧南区的张家圪台。张家圪台，是敌人的据点，住有两排敌人。我们到达张家圪台后，便很快把两个排敌人消灭了。敌人见我军占领张家圪台，急令驻薛家峁守敌一个连前来增援，结果被我军击退，狼狈逃窜。这一仗共歼敌七八十人，缴获一批枪支。

拔掉张家圪台据点后，部队进到袁家沟附近集结。此时，清涧地下党组织向子长汇报，要求部队拔掉敌河口镇据点。子长同志考虑到河口镇有敌人一个连据守，是清涧县、延川县守敌的战略支撑点，对我游击队活动妨碍很大，同意地方党组织的要求，决定消灭河口镇敌人。部队随即由袁家沟向河口镇方向出发。

8月26日，我军经夜行军，拂晓偷袭河口镇。河口镇地处无定河、黄河交汇口岸，背靠大山，两面临河，地势险要。进攻开始后，红三团仍然担任主攻任务，从山顶直扑敌阵，游击队控制黄河渡口，截断敌人东逃后路，从东西两面发动攻击。敌人见我军攻势凌厉，慌忙退进四五个高碉堡和村边工事里，凭坚固守，抗击我军。由于我军缺乏攻坚武器，虽多次组织进攻，终未奏效。子长同志指挥位置原在高山顶上，见攻坚未克，便亲到阵地前沿我的身边，查看地形，不幸被敌人从碉堡中射出的子弹击中，胸部负伤。

战斗整整打了一天。天下着雨，道路泥泞不堪，给部队行动带来很多困难。子长鉴于当时的实际情况，认为短时间很难打下这个据点，命令部队撤出战斗。敌人见我军撤退，怕我再来进攻，不日亦东渡黄河绕道逃回清涧县城。河口镇遂宣告解放，成为我苏区。

部队从清涧县返回安定县途中，路过咸榆公路时，与二三十个押送壮丁的敌人遭遇。这批壮丁是从关中拉的，有二百多人。敌人见我军大队人马，不敢迎战，除四五个逃跑外，其余敌人，一枪未放当了俘虏，二百多名壮丁当即被我军释放。事后得知，押送壮丁的敌人，正是出卖王泰吉同志的刽子手马云从亲自带的人。可惜我们当时没有抓住马云从这个坏蛋。

红三团北上，在子长同志的亲自领导和指挥下，与陕北红军游击队一、二、五支队协同作战，三仗歼敌正规军和民团数百人，缴获枪支数百支，粉碎了敌人对陕北革命根据地的第一次"围剿"，保卫和发展了陕北革命根据地，胜利地完成任务。

子长同志率红三团上陕北以来，指战员情绪饱满，士气高昂，受到陕北特委和广大群众帮助和爱戴。部队每到一地，特委就组织群众热烈欢迎，亲切慰问，组织各游击队、赤卫军积极配合红军行动，组织担架队运送伤员，送米送面支援前线。特别是许多大娘、大嫂、大姑娘抢着为我们缝补衣服、

1990年5月在天水市与老同志董邦合影（左为王世泰）

烧水做饭，亲如一家；大爷、大哥、大兄弟给我们铡草喂马，站岗放哨，支援红军。这一切，使我们非常感动，大家说："陕北革命根据地基础好，人民群众觉悟高"，"人民群众热爱我们红军，我们红军更要为保卫根据地、保卫人民群众，奋勇杀敌"。还有许多同志激动地说："为了陕北人民得解放，就是献出生命也心甘情愿。"事实上，不少同志实现了自己的诺言，将一腔热血洒在陕北的土地上。

陕北革命根据地第一次反"围剿"斗争的胜利，是用血的代价换来的。特别不幸的是子长同志负伤，久治不愈，于1935年2月21日，与世长辞。子长同志一生忠诚党的事业，含辛茹苦，在所不辞；为解放劳苦大众，英勇作战，不怕牺牲；为创建陕北革命根据地，南北奔走，鞠躬尽瘁，成为深受西北人民爱戴的群众领袖之一。早年，我有幸结识子长同志，并在志丹和子长同志领导下，参加兵运工作和陕甘边游击队的历次战斗。子长同志堪称我辈良师益友，他的言传身教，曾使我受益颇大，数十年来不敢忘怀。所以，迄今我每每回忆往事，对子长的逝世仍心有余痛。

## ○ 改编义勇军

红三团完成北上任务之后，奉命于9月上旬离开安定，经保安县穿过张廷芝防区，到达庆北地区，与王宝珊（队长）、张秀山（政委）率领的庆北游击队会合。在庆北地区，我们活动的时间比较长，主要任务是帮助改编郭宝珊起义的部队——义勇军；帮助游击队消灭地方反动武装；开展群众工作，扩大庆北根据地。

郭宝珊是怎样的一个人？义勇军又是一支什么部队？我想多说几句。

郭宝珊，原名郭宝，1904年12月出生于河北省南乐县（解放后划归河南省）。老少三代七口人，陆续逃难至陕西洛川县谢家崭村。父辈们扛长工、下煤窑，苦度日月，宝珊本人也是在牛背上长大的。由于全家竞相勤劳，略有积蓄，遂购置田地，过男耕女织的小康生活。但在那暗无天日的时代，苛捐杂税多如牛毛，土匪猖獗，抢劫拉票，几经折腾，郭家倾家荡产，家破人亡，沦为乞丐。后祖父、父亲，祖母、母亲等相继饮恨离世。宝珊被迫离开家园，立志闯荡江湖，报仇雪恨。他外出谋生，饱受欺凌，旧仇未报又添新仇；他扛枪当兵，雪恨无望，毅然脱离国民党部队。迫于无奈，宝珊收拢一批人，上黄龙山当了"山大王"。

"山大王"，也就是土匪。郭宝珊虽然自小痛恨土匪祸害人民，临了自己被迫也当了"土匪"，自然内心是痛苦的。因而他学古代绿林英雄的所作所为，约束部下。这样一来，部队迅速发展到四五百人。当时黄龙山有股势力最大的土匪头子，以贾德功、梁占魁，预感郭宝珊"山头"发展太快，必将损害他们的利益，便诱骗郭部。郭宝珊深知贾德功、梁占魁心狠手毒，不入伙就有可能被吃掉，因此便加入梁部，任营长之职。但与贾、梁貌合神离，自成系统。

此时，陕甘边、陕北革命群众运动，在刘志丹、谢子长领导下，如火如荼，蓬勃发展。打土豪、分土地、杀富济贫，与国民党反动军阀进行斗争的影响波及各地。郭宝珊开始向往红军，并让部下仿效红军，只打"大户""财东"，不准祸害百姓。

1932年夏，志丹同志率陕甘游击队打临镇未克，南下韩城一带，路过黄龙山郭宝珊地界，纪律严明，秋毫无犯，给郭宝珊留下深刻的印象。志丹了解到郭宝珊的穷苦身世和被迫占山的经历，曾写信致意，转告红军南下意图，宝珊甚为感动，认为志丹够朋友，讲义气。特别是红军游击队南下韩城失利后，一些战士、伤员陆续返回照金，路过黄龙山地区，郭宝珊非但没有为难，而且给予了不少方便。

1934年春，贾德功手下一股土匪百余人，由魏八娃带领，窜扰甘泉、富县一带，进入子午岭双柳村，被我红三团缴械。志丹同志讲解了红军政策，教育他们改邪归正，不准再祸害老百姓，并发给路费，让他们回家去。魏八娃是洛川人，跟我是老乡，我们又拉了老乡关系，交了朋友，做了说服工作。魏八娃回到黄龙山后，大肆宣传志丹和我"够朋友，讲义气"，不仅不杀他们，还给路费让回家，真是"宽大得很"等，引起郭宝珊的深思，使郭宝珊对于志丹同志更加敬仰，对红军更有好感。

1934年五六月，我红军连续粉碎敌人"围剿"，军威大震。志丹同志综合分析宝珊的出身、经历和所作所为，决定争取郭宝珊，遂派黄罗武同志前往黄龙山做了争取工作。黄罗武同志给郭宝珊讲了不少革命道理，如红军革命的对象、革命的目的以及党的政策，启发其革命觉悟。郭宝珊听后特别兴奋，认为红军所作所为，是他多年来向往的事情；革命的目的，与他多年来追求的理想相吻合。这就为他以后弃暗投明的革命行动奠定了思想基础。由于当时黄龙山地区有贾德功、梁占魁匪首掣肘，起义时机不成熟，所以没有采取行动。

1934年秋，国民党冯钦哉部集结大量兵力，向黄龙山"进剿"。贾、梁、郭自估力不能敌，便率部离开黄龙山向甘肃庆阳进发。贾、梁合谋投靠甘军，郭宝珊则想趁机投靠红军。

当他们把部队带到合水一带时，郭宝珊犹豫了：一是贾、梁匪首，对他早有戒心，如果贸然起义，说不定会被贾、梁消灭掉；二是虽说自己当土匪是出于无奈，但毕竟干了多年，红军会不会接纳自己？正在举棋不定时，志丹先后派黄罗武、马锡五同志送去慰问信和羊、马等慰问品。郭宝珊的种种疑虑，被志丹送来的温暖溶化了，使他坚定了起义的决心，遂于1934年10月20日夜率领部队一百多人在庆北，毅然宣布起义，参加中国工农红军，正式命名为"西北抗日义勇军"。

郭宝珊走上革命的道路，用他自己的话说，一是受党的政策的感召，红军传统的影响；二是志丹对他一片真诚，他对志丹的无限信赖；三是出身贫苦，经历坎坷，渴求解放。宝珊参加革命以后，长期与我共事，我对他比较了解。他对党忠诚，作战勇敢，为人忠厚，刚正不阿，在几十年的革命生涯中，为党为人民作出了应有的贡献。

红三团与义勇军会合后，三团便采取诚恳的态度帮助义勇军整顿和改造。为了提高义勇军的政治素质和军事素质，我们从三团抽调一批干部，加强领导，又不断补充边区子弟兵，充实部队。同时，广泛开展阶级教育和革命理想的教育，帮助他们树立为人民而战的革命理想。经过一段艰苦工作，这支部队政治素质和军事素质都有提高。此后，义勇军随红三团转战陕甘边、陕北根据地，打仗勇敢，纪律严明，在粉碎敌人对陕北发动的第二次、第三次"围剿"的斗争中，立下了战功。

在庆北，红三团一边休整部队，一边积极协同游击队消灭地方反动武装，开展群众工作，扩大根据地。三团、义勇军和庆北游击队先后拔掉五蛟、元城子据点，消灭谭世麟民团二百余人，解放了元城子川，五蛟川一直到悦乐一大片地区，并向西发展至八珠塬等地区，使庆北地区以柔远城子为中心的根据地迅速得到巩固与扩大。红军在这里缴获的武器，武装了各游击队。

不久春节到了，庆北的群众送来大批肉、蛋，鸡和白面慰劳我们，

1990 年 5 月在西安与杨和亭同志交谈（左为王世泰）

使我们过了个好年。庆北的党、游击队和群众对红三团和义勇军在消灭地方反动武装的战斗中连连获胜，表示亲切慰问，特别是义勇军的指战员深受感动，进一步体会到参加革命的光荣。

## ○ 红军大发展

1934 年至 1935 年，是陕甘边红军大发展的时期。

阎家洼会议之后，志丹和边特委从陕甘边革命斗争实际出发，对建立新苏区、扩大红军、建党、政权、土地等问题，都作了全面部署。同时，鉴于在陕甘边二十余县的广大地区，敌我区域犬牙交错，提出打击敌人，壮大自己，逐步扩大苏区，实现陕甘边根据地的统一的任务。经过边特委和边军委短短几个月的努力，根据地进一步扩大，各级党组织逐步得到建立和健全，红二十六军四十二师有了较大的发展，并在陕甘边革命委员会的基础上，于 11 月初正式成立陕甘边区苏维埃政府。

南区得到发展，红一团正式成立。南区，系指陕甘边第三路游击队活动的范围。早在 1934 年春，三路游击队总指挥部成立，便在陕甘边特委和红军的领导和帮助下，活动在正宁、宁县、旬邑、淳化、耀县、宜君等县的游击区里，到 1934 年秋，第三路游击队得到迅速的发展，相继建立平子、宁县、赤水、淳耀、富甘、中宜、底庙以及九支队、回民支队、特务队等十几支游击队。各游击队有时集中行动，有时分散活动，曾在各地连续作战消灭敌人，使南区得到发展和巩固，成立了以张邦英、黄子文为首的南区党委和政府。9 月中旬，红四十二师师委，在湫头召开会议，决定成立四十二师红一团。红一团是以第三路游击队的特务队和平子游击队为基干，又从正宁（正宁五支队）、宁县（宁县三支队）游击队抽调部分人、枪组成。团长陈国栋、政委张仲良，辖一、二两个连，计二百余人。红一团组建后，配合三路游击队进行了湫头、高窑子、七阶石、麻子掌、王寨子、七里铺、赵村、直罗镇、王郎坡等一系列战斗，消灭了大量的地方民团反动武装，使根据地区域日渐扩大到以湫头、照金、小石崖为中心的正宁、淳化、耀县、宁县、黄陵、宜君、铜川各一部。

东区迅速开辟，红二团应运而生。第二路游击队，1934 年春，从保安县境沿洛河向东推进，到这年秋，已在西起方家河，东至石门子，以下寺湾为中心的百里大川，建立起游击区。这块游击区，东进依托黄龙山，可发展甘泉、富县、宜川、洛川地区游击战争，直抵韩城，威胁关中；北去安塞、延安、延长，可与陕北游击区衔接，在战略上处于十分重要的地位。第二路游击队总指挥部，在特委和边军委的领导下，经过努力相继成立起安塞四支队、甘泉五支队、延安六支队、富县七支队、宜川八支队以及早先建立的庆阳、合水、保安三个支队，共计千余人。为了充分发挥这块红色游击区的作用，扩大正规红军，特委和边军委决定抽调庆阳、保安游击队各一部成立红二团。红二团于 1934 年 10 月中旬，在阎家洼子正式成立。团长刘景范，政委胡彦英，辖两个步兵连，一个少年先锋队，计二百余人。红二团组建后，先后消灭了旦八寨子的曹俊章民团五十余人，打败了敌人二五六旅五一二团一个营的进攻，又配合红三团在头道川的新寨、白家屯消灭了王希清、王定邦民团。

红三团、骑兵团的不断壮大，红一、二团的成立，郭宝珊抗日义勇军的归建，使红四十二师兵力得到迅速发展；南区的发展，东区的开辟，以及西线庆北地区的扩大，使陕甘边游击战争，已经从分散的游击区和被隔断的小块红色区域，走上了军事战略的统一。为了更好地统一领导陕甘边根据地的工作，1934 年 11 月 4 日，陕甘边革命委员会在荔园堡召开了陕甘边第二次工农代表大会，正式选举产生了陕甘边区苏维埃政府、陕甘边区革命军事委员会、陕甘边区赤卫军总指挥部等领导机关，并通过了关于扩大红军、创造新苏区、深入土地革命和武装群众等问题的决议案。11 月 7 日，在荔园堡召开群众大会，宣布陕甘边区苏

1988 年摄于陕西延安枣园

维埃政府正式成立，习仲勋同志当选为主席，贾生秀、牛永清当选为副主席，政治秘书长蔡子伟。政府下设土地、劳动、粮秣、财政、文教、妇女等委员会。刘志丹当选为陕甘边区革命军事委员会主席；朱志清当选为陕甘边区赤卫军总指挥部总指挥，陕甘边区苏维埃政府一经成立，立即在中心区域华池、保安成立起两县政府，其他各地政府也相继成立，开展起轰轰烈烈的土地革命。

随着陕北第一次反"围剿"斗争的胜利，陕北游击战争和红军发展很快。1935 年 1 月底，陕北特委在安定县白庙岔，宣告正式成立中国工农红军第二十七军八十四师。将原独立一、二、三团改为八十四师第一团、第二团、第三团，并于以后将新成立的独立五团改为八十四师第三团，将原第三团改为神府独立团。师长由杨琪担任，师政委由张达志担任。至此，陕北已经建成了主力红军一个师。各红色区域也都随之建立革命委员会。

由于红二十六军四十二师的扩建和红二十七军八十四师的组建，

陕甘边和陕北两支兄弟部队，相互支持，相互学习，共同战斗，携手前进，为粉碎敌人对陕甘边、陕北第二次、第三次"围剿"，发展西北地区的革命斗争形势，作出了积极的贡献。

## ○ 正确的决策

1934 年夏秋，敌人对陕甘边、陕北的"围剿"惨败后，不但地方军阀慌了手脚，连蒋介石也深感不安，于是便于 1934 年 10 月以后，开始直接策划对陕甘边和陕北根据地的第二次"围剿"的新阴谋。（对陕北革命根据地的第一次"围剿"失败后，敌人对陕甘边、陕北等广大革命根据地开展了三次"围剿"，第一次为 1934 年底至 1935 年春，第二次为 1935 年 4 月至 6 月，第三次为 7 月至 10 月。下文所称第一、二、三次"围剿"及"反围剿"即为此意，特区分于上文称的陕北第一次反"围剿"斗争。）蒋介石调集数万兵力，采取军事"清剿"、政治欺骗和经济封锁的反革命伎俩，进行摧毁性的"分区清剿"，妄图逐区蚕食，逐地推进，逐渐压缩，迫我于其包围圈，聚而歼之。

敌人部署大体是：敌三十五师马鸿宾部进攻我南梁地区，其三个旅（附陇东警备二旅第六团）七个团，分别进驻曲子、庆阳、合水、华池，布成新月形战线，向我中心区依次推进；敌六十一师杨步飞部六个团，分别进驻旬邑、宁县、正宁地区，楔入我南梁、照金两区之间，伺机北进南梁，南出淳耀；敌四十二师冯钦哉部四个团，摆在宜君、中部（黄陵）、洛川、富县、甘泉一线，守备咸榆公路，作战略警戒；敌八十六师井岳秀七个团收缩到保安、靖边、横山、榆林、佳县、神木、府谷一线布防；敌八十四师高桂滋四个团由河南洛阳直抵延安、安定、延长、延川、清涧、绥德、米脂等县，插入我陕北腹地；敌晋军孙楚部三个旅和李生达两个旅陈兵黄河东岸，堵我东进之路。敌人总兵力共计七个师、三十几个团。由于西北交通不便，敌人上述兵力部署，从

1934 年 10 月开始，至 1935 年 4 月才完成。

为了粉碎敌人对陕甘边、陕北的"围剿"新阴谋，志丹、子长和陕甘边、陕北特委的负责同志都在为此而呕心沥血，昼夜思考作战的方针和具体部署。1935 年元月上旬，志丹率红二团北上，一方面探望子长同志的病情与子长同志交换意见，一方面拟就反"围剿"问题与陕北特委进行商讨。经过一段工作，对两特委的领导、两支红军的统一指挥等重大问题，取得了较为一致的意见。后志丹留在陕北继续研究反"围剿"战略、方针、计划，红二团返回南梁地区。途中，红二团与陕甘边第二路游击队五、六支队，袭击了延安县蟠龙镇，歼敌二十余人，并击溃增援蟠龙的敌人。

2 月初，中共陕甘边特委和陕北特委根据中共中央驻北方代表巡视员黄汉倡议，在安定县周家嶮召开联席会议。会议由刘志丹同志主持。志丹同志首先谈了他和子长同志商讨的意见，交会议讨论。与会同志经过认真研究和讨论，一致同意志丹、子长同志对反"围剿"的战略、方针、计划的建议。会议决定：正式成立中国共产党西北工作委员会，选举惠子俊为书记；成立西北革命军事委员会，选举刘志丹任军委主席。

周家嶮会议，是陕甘边、陕北革命发展的历史必然，是中国共产党领导西北革命战争的结晶，是西北革命斗争史上的一次重要的会议。它在历史的转折关头，统一两区党、政、军的领导和反"围剿"的战略方针，将西北地区的革命斗争，推上一个新的发展阶段。

战略方针已定，志丹同志便根据会议精神，亲自草拟了粉碎敌人第二次"围剿"的动员令，并于 2 月 18 日发布全军。

《动员令》在分析全国和陕甘边革命形势后，着重分析了敌情。认为敌人此次"围剿"规模虽大，但战线广袤千里，空隙很多，各派军阀之间矛盾重重，难以协调。蒋介石把自己的嫡系军摆在第二线，驱非嫡系为先锋，互存异心。杨虎城部怕被国民党并吞，兵至甘泉大抵不会再向北犯。马鸿宾部为保护宁夏地盘，不会冒险深入。井岳秀以求稳定其在陕北地位，恐怕不敢豁出老本。只有高桂滋气势汹汹，甘为蒋介石效命，但高部虽有精良的武器装备，初入苏区，人生地不熟，难以施展淫威，加之高与井素有旧怨，各怀鬼胎，不可能协同作战。因此，高桂滋部貌似强大，实际弱点很多。

杨虎城

　　鉴于上述形势，《动员令》提出反"围剿"的任务是集中兵力，首先打破高敌战线，而后向西南发展，以便将陕甘边和陕北连成一片，巩固扩大革命根据地。

　　《动员令》详尽地部署了作战计划：红四十二师主力红三团和西北抗日义勇军北上陕北，与红八十四师组成西北红军主力兵团，采取运动战的战术消灭敌人；红四十二师第一团，牵制敌军六十一师，开展三（原）、淳（化）、耀（县）、宜（君）游击战争；红四十二师第二团完成阻击敌三十五师的任务后，北上环县、定边、靖边，开辟新区；四十二师骑兵团，相机东进宜川，向韩（城）、合（阳）一带游击，扩大政治影响，牵制敌人。红四十二师主力转至外线后，留地方游击队坚持南梁地区的斗争等。《动员令》指示在西北军委领导下成立"陕北革命军事委员会东区办事处"，主席马义（白炳炘）、政治部主任惠庆祺、参谋长乔洪（白洪德）、组织科长白清江、宣传科长白志明，统管清绥佳吴地区的游击队，发动群众，坚持对敌斗争，扩大根据地，牵制北线敌人。

　　《动员令》最后要求，红军、游击队、赤卫军、少先队，加强政治思想工作，树立不怕牺牲的精神，要有必胜的信心，坚决服从命令听指挥，反对游击习气。

　　组建中共西北工委、西北军委并发布《动员令》，是重大的战略决策，它充分体现了陕甘边特委和陕北特委更加成熟和团结统一，体现了志丹、子长同志的远见卓识和非凡气度，而且也为取得第二次反"围剿"胜利，从思想上、组织上、行动上奠定了坚实的基础。

## ○ 第一次反"围剿"

正当我党政军民积极准备反"围剿"之际，敌人也在加紧"围剿"部署。为了打乱敌人的部署，我陕甘边、陕北红军在各地游击队的配合下，于1934年底至1935年春进行第一次反"围剿"。

1935年初，敌高桂滋部第八十四师，将五一一团摆在沿大理河至石湾一线，与井岳秀八十六师衔接；五○一团驻清涧、延川等县；五○○团进占我腹地瓦窑堡永坪镇一线；敌师部和四九九团驻守绥德；师直属骑兵连进入延长县。这样，敌八十四、八十六师便在我安定、绥德、清涧、延长、延川、保安、靖边、横山地区构成一个由绥德、清涧至延安的分割封锁区，并以此逐点逐区向我进攻。

红二十七军八十四师在杨琪、张达志、贺晋年的领导下，趁敌人分散兵力，立足未稳，在安定县南沟岔首战全歼高敌四九九团一个连，俘获敌人枪百余。战后，我军插过敌战线，东渡无定河，进入清涧县，配合游击队反击敌人。2月下旬，我军再战高杰村守敌五○一团一个连，缴获大批武器，鼓舞了清涧人民反"围剿"的信心。3月上旬，我军三战贺家湾过路之敌一个连，将其全部歼灭，截获大批物资。三战三捷，打击了敌人，取得了同高桂滋作战的经验、极大地增加了我军民斗敌的勇气。随后，红二十七军奉命撤回安定县白庙岔集结待命。

与此同时，"围剿"陕甘边根据地的敌人也蠢蠢欲动。师长杨森根据志丹的命令率骑兵团深入敌区，寻机打击敌人，破坏敌人合围计划，延缓敌人进攻速度。1935年元月，骑兵团西进，越子午岭，过正宁、宁县，强行通过封锁线，截断西兰公路。采取化装奇袭战术，一举攻入长武县城，歼敌民团近百人，获长短枪支百余支，筹款数万元、棉布数百匹，镇压了一批反动地主、豪绅等人。奇袭位于西兰公路的长武县城，极大地震动了敌人。敌人为了保护其西北的交通要道，遂调兵遣将，加强防务。这一仗，骑兵团完成了预定的任务，有力地牵制了敌人。1935 年 2 月上旬，杨森奉命二次出征，带骑兵团东进延安城附近，配合延安游击队、安塞游击队和赤卫军，在延安高桥川等地活动。

"围剿"陕甘边根据地的敌人，于 1935 年 2 月初，进占老爷岭、元城子、六寸塬一线，在我红军、游击队、赤卫军抵抗下，对峙四十余天。3 月底，西北军委在志丹同志的领导下，完成了反"围剿"计划的部署，命令红三团和西北抗日义勇军北上陕北与红二十七军会合，组成红军主力兵团，投入全面反"围剿"的战斗。

正在此时，师部接到合水游击队报告，敌马鸿宾部一个营进驻庆阳县六寸塬，修筑工事，设营扎寨。杨森和张秀山（子长同志负伤后，政委由秀山同志担任）同志决定，趁敌立足未稳之机，奔袭歼灭。于是，率四十二师向六寸塬进军。

六寸塬，是个沟壑纵横的小塬子，有很多小山包，形成一道山梁，梁下有个村子，敌人在山梁上修筑很多工事，并设置鹿砦，上挂手榴弹，防御我军偷袭。

我军经长途行军，于 4 月 3 日凌晨到达六寸塬梁下的村子附近。拂晓前，我抗日义勇军首先攻进村子，歼敌二十余人，缴枪二十余支。天亮后开始向山梁敌人阵地发起进攻。

敌人听见沟下枪响，立即进入阵地，凭借有利地形和工事，拼命进行抵抗。担任主攻任务的我红三团一、二连和抗日义勇军，由东南面向上多次冲锋，均被敌人火力阻止，战斗一直打到十二点多钟。当我红三团一、二连再次攻到敌人阵地前沿时，我骑兵团突然由左面山梁上向敌人阵地冲锋，被敌人火力阻止。骑兵团伤亡很大，团长赵国卿同志负重伤，被迫后撤。在骑兵团撤退时，把一、二连步兵也冲乱了。此时，敌人主力一〇五旅赶到，趁机反攻，我一、二连和抗日义勇军遂自动撤退。我当时随一连指挥部队，一、二连被骑兵团裹着一起撤退，我被丢到最后，身边仅剩下警卫员郭立本一人。眼看部队无法掌握，敌人就要冲到跟前，我俩一边射击，一边后撤，尽管我们每次射击总打死几个敌人，但毕竟敌人太多，最后我被敌人子弹打中左腿，不能行走了。

郭立本见我负了伤，一下扑到我身边，用左胳膊夹着我，右手不断朝敌人射击，向山下撤。郭立本拖着我每跑下一个塄坎，打一阵敌人，等敌人退后几步，我们又跑。当郭立本同志还击敌人时，我就给另一把驳壳枪里压子弹。就在我俩弹尽的危险关头，少年先锋连攻上来，才把我们接应下去。

六寸塬战斗没有打好，主要是事先没有把敌情搞清楚（敌人不是一个营的兵力，也不是立足未稳，而是早就有防备），再加上骑步兵配合不协调，使敌人钻了空子，造成我军的损失。这是值得我们吸取的教训。但是在肃反中个别人抓住此次军事失利的事实，以此为罪名打击红四十二师主要领导人，则是完全错误的。

六寸塬战斗后，红四十二师返回南梁地区，进行整顿。红三团团长由吴岱峰同志代理，骑兵团团长由康健民同志接任。根据西北军委指令，骑兵团、红一、二团和各路游击队，由杨森指挥，坚持南梁革命根据地的反"围剿"斗争。红三团、抗日义勇军则由张秀山率领开赴陕北。我由于负伤不能行走，暂时离开部队，留在南梁地区养伤。

开始，我在南梁列宁小学养伤。这个小学，有两个教员，一个叫王俊（原名贺建德，是我在延安四中时的同班同学），一个叫张景文。在这里我受到他（她）们两位同志的精心照料。特别使我感动的是张景文大姐，不怕脏，不怕累，给我洗伤、换药、做饭，体贴入微，关心备至。我记得张大姐第一次为我换药时，因为我的伤口流血，腿和棉裤粘在一起，张大姐让我把裤子脱掉。我那时身上只穿个棉裤，没穿衬裤，不好意思当着大姐的面脱裤子。大姐嗔怪地责备我，说我太封建，问我是伤要紧还是面子要紧？张大姐平时精明能干、泼泼辣辣，但在给我洗伤、上药时却是那样的仔细、认真。每当我痛得腿动时，她就用爱怜的目光无声地鼓励我坚持住。我看见她一点一滴为我揩干脓血的神情，总是打心眼里呼出："多好的大姐啊！"

是的，张景文同志确实是一位了不起的好大姐，是女中强人，革命队伍中的坚强战士。早在 1932 年夏，她在西安女师教书时，作为学生领袖，带领几十名女学生，在西安民乐园外，参加砸毁国民党头子戴季陶的汽车，轰动了全国。以后由于暴露了身份才按照党的指示，偕爱人来到南梁根据地。她爱人叫徐国廉，也是一位非常好的同志，曾在陕西省委当交通员，后在执行任务中被敌人杀害。张景文同志在 1935 年"肃反"中，也无辜惨遭杀害。50 年过去了，我仍深深地怀念着张大姐。

由于敌人"围剿"步步推进，边区吃紧，我由列宁小学转移到豹子川杨培盛同志家养伤。杨大嫂早就认识我，所以见了我非常高兴，拿出最好的东西给我吃，百般照料我的起居，后因南梁陷落，我才离开杨大嫂家，随十几个伤员一起转移到洛河川刘家老庄南山的一个小村庄养伤。赵国卿因伤势严重，不能行动，被安置在南梁附近的森林里，后被敌人搜山捕去。

2 月中旬，我骑兵团诱敌五〇一团二营及延安民团二十余人，进入高桥川，歼敌近百人，震动了延安守敌。后我军由高桥翻过杜甫川，消灭延安南川三十里铺民团数十人，缴长短枪五十余支。2 月下旬，我军离开延安县向宜川方向进军，先后在松树林消灭由临真镇开往甘泉县城的民团五十余人，缴枪五十余支；消灭金盆湾民团五十余人，缴获枪支五十余支；从金盆湾出发沿途收缴敌二五六旅垦荒队长短枪五十余支；袭击甘泉临真镇，全歼该镇民团百余人，缴枪百余支；打垮宜川云岩拦路阻击之敌，俘敌四十余人，缴枪五十余支；然后转向狗头山、后湫天，两地民团不敢抵抗，自动交枪三十余支；包围小寨子民团，逼敌献寨放下武器。3 月上旬胜利地返回南梁根据地。

骑兵团两次出击，从西打到东，横穿十余县，深入敌后，寻机打击敌人正规军和地方反动武装，出色地完成了志丹交的任务，起到了牵制敌人对根据地的"围剿"的作用。

杨森同志率骑兵东进打击敌人，使东区革命形势得到迅速发展。人民群众斗争心切，积极性高涨，自发组织数百人的"抗款军"，进行抗款、抗粮斗争，并与当地反动民团、封建迷信武装"红枪会"在高树塬、上马、下马、云岩、甘草沟等地作战多次。陕甘边特委根据东区大好形势的实际，遂于3月下旬派马文瑞同志带领部分红军干部、学校的老师和红宜游击队，到达宜川县北区、甘泉县东区、延长县南区，开辟新区。经过马文瑞等同志的努力，3月底在临镇组建了中共陕甘边东区工作委员会和宜川县工作委员会。与此同时，成立了陕甘边东区革命委员会，辖赤川县（宜川县一部）和红泉（甘泉的一部）革命委员会，并于4月上旬，将"抗款军"改编为抗日义勇军，任命黑志德为司令员，赵正化为政委，组建了临镇、宜川两个游击队和若干游击小组。东区党政机关和新编抗日义勇军、游击队的建立，犹如插进敌人腹中的一把尖刀，使南线之敌惊恐不安，犹豫不前。

2002年于深圳银湖与马文瑞同志合影（右为王世泰）

## ○ 第二次反"围剿"

4月下旬，红四十二师师政委张秀山率红三团、抗日义勇军到达赤源县（安定县一部分）黄家峁、王家渠、孙家河一带与志丹会合。当地群众敲锣打鼓，夹道欢迎，杀猪宰羊，亲切慰问。广大指战员深受感动，纷纷表示决心，要积极勇敢地作战，消灭更多的敌人，报答人民群众的期望。志丹同志亲自率红三团、西北抗日义勇军在寺儿畔一举歼敌五一一团一个连，大大鼓舞了军民的斗争积极性。

5月1日，红二十六军四十二师三团、义勇军与红二十七军八十四师在安定县白庙岔会师。当日举行万人大会，志丹同志讲话作动员。各团代表也在会上表了决心。2日，西北军委颁布了军事纪律、政治纪律、战地动员条例以及处决土豪劣绅等一系列规章。4日，在玉家湾会议上决定成立前敌总指挥部，刘志丹同志任总指挥，高岗任政委。全面开始了内线反攻阶段。

早在4月下旬，敌八十四师、八十六师各一部，企图分别以营为作战单位，向秀延县（绥德、安定县各一部）、赤源县进攻，步步为营，向我根据地和红军活动中心推进。4月30日，敌八十四帅二五一旅五〇一团第三营营长郭子封，带全营进驻杨家园子，修寨筑堡，妄图扎点久驻。前敌总指挥刘志丹同志决定乘机歼灭该敌。

5月7日拂晓，我红军主力分三路向杨家园子驻敌进攻。一路以红四十二师三团和西北抗日义勇军为主攻部队，从黄家川、玉家湾出发，向玉皇峁寨进攻，夺取制高点墩儿山寨堡；一路红八十四师一团，从魏家岔出发向杨家园子西街进攻，并担负阻击瓦窑堡来援之敌的任务；一路红八十四师三团从冯家岔出发向杨家园子东街发起进攻，二团为预备队。

当主攻部队接近玉皇峁寨时，发现寨墙很高，不好攀登，地形狭窄，兵力无法展开，不宜强攻。志丹当即决定，暂停进攻，部队向魏家岔、黄家川、冯家岔一带撤退。

此时，天已大亮，我军行动已被敌人发现。敌郭子封见我军撤退，狂妄地分兵两路追击我军。前总命令部队边撤退边阻击敌人。撤退中，红一团于八时许伏击歼灭五〇〇团押送赵通儒等"政治犯"的一个连，俘敌百余人，救出被捕的人。

杨家园子出击之敌，十时许进占吴家寨及其后山制高点。我一团、二团在黄家山会合，立即向吴家寨的敌人发起攻击。敌人遂撤至白家园后山老虎墕、园崾等高地。杨家园子守敌，为解吴家寨之危，倾巢出动西进。我军随后占领了杨家园子。敌人顷刻之间，处于被我军前后夹击、四面包围之中。

志丹同志抓住战机命令红军各部坚决彻底消灭这营敌人。红四十二师三团和抗日义勇军先敌抢占如天山、大小坞山制高点，分左右两翼向敌阵地老虎墕发起钳形冲锋。红八十四师一、三团从西南侧击敌后，经过五六个小时的激战，将敌全歼于泥泞沟。5月7日，一天之内打了两个仗，上午歼敌一个连，下午歼敌一个营，总计毙敌营长以下五十余人，俘敌副营长以下四百五十余人，缴长短枪五百余支，轻机枪二十余挺。

正当我军打扫战场，忙于处理战后事务时，接到地方游击队的报告，敌人一个营护送五〇〇团全团粮饷、夏衣、药品、军械等400驮物资，从清涧出发运往瓦窑堡，被我游击队九支队及赤卫军包围在马家坪一带，请前总速派兵消灭。志丹接到报告后，决定红军主力兵团，向敌人前进方面急行军。

5月9日，我主力兵团与数千游击队、赤卫军在志丹指挥下，向敌人发起冲锋。敌人由于受到游击队、赤卫军连日袭击、骚扰，已成惊弓之鸟，加上大批物资的拖累，深陷重围，不能自拔。因此，在我军强大的攻势下，敌方不到两个小时便土崩瓦解。是役，我军毙敌营长左向恒以下四十余人，俘敌副营长以下四百余人，以及地主、反革命、"铲共义勇队"百余人，缴获长短枪四百五十支、轻机枪二十几挺，八二迫击炮两门、重机枪两挺、单军衣两千余套、银元数万元以及大批医药器械。

杨家园子、马家坪战斗获捷，全歼敌高桂滋部两个营、一个连，我军取得内线反"围剿"的首战胜利，军威大振，士气高昂，弹药充足，装备更新。敌人受到极大震动，慌忙将五〇〇团驻守安定老县城的第一营和延川永坪镇第二营，撤回瓦窑堡。我陕北第一座县城安定县城获得解放。敌人进犯秀延县、赤源县的计划宣告破产。

5月10日，中共西北工委在玉家湾举行会议，总指挥刘志丹同志，代表前总向西北工委作了军事形势的报告，并对下一阶段作战的方针、计划提出建议。会议对志丹同志的报告和建议进行了认真的研究和讨论，决定我军转入外线进攻，争取在"红五月打通陕甘边与陕北根据地的联系"，使两个根据地连成一片。

前总根据玉家湾会议精神，决定首先攻打延长县。志丹同志亲自率红军主力兵团，进到清涧无定河边。5月30日，经长途奔袭全歼张家圪台敌八十四师四九九团一个连。敌驻苏家岩之营听到枪声后，派一连渡无定河增援，也大部被我军歼灭。战后，志丹率军移驻清涧店子沟地区，摆出攻打绥德、清涧的姿态。敌高桂滋在接连被我歼灭两个多营后，嚣张气焰大减，唯恐我军北进攻打绥德，慌忙进行拦截部署。我军则秘密星夜南下，于25日到达延长县大连沟一带，封锁消息，隐蔽待机。

延长县驻有敌八十四师直属骑兵连一百余人、民团二百余人、矿警队八十余人，总计四百余人。志丹分析敌情，认为我军虽然在兵力上大大超过敌人，但敌人据守城池，凭坚固守待援，不利我军作战，所以，命令红八十四师二团三连和游击队，诱敌出城，减弱守城防御力量，以便各个击破。二团三连和游击队星夜赶到距延长城二三十里的东塬，打土豪、分财产，虚张声势，热火朝天。敌人果然就范，延长县地头蛇、团总李鸣吾误认为我东塬红军是小股游击队，妄图消灭，便于27日晚带一百三十多人，窜犯东塬。翌日，敌民团与我军接触，我军边打边退，一直把李鸣吾部拖到距延长县百余里的茹子崾。正当李鸣吾骄横无忌，城内敌人也感到平安无事之时，我军突然于29日拂晓开始攻城，并迅速占领县城，全歼守敌。及至李鸣吾发觉上当，返回老巢时，被我军全歼于半道的贺家塬。是役，生俘延长县县长和骑兵连长，毙伤俘敌四百余人，获枪四百余支、轻机枪十五挺、无线电台一部、战马一百余匹。延长县城为我军解放的第二座城池。

延长解放，我军砍掉了高桂滋由绥德到延安的长蛇阵的尾巴，打开了南进的门户。延川守敌惶恐不安，弃城逃往清涧。延川县遂告解放，成为我军解放的第三个县城。这时高敌南线已溃，其余部队死守绥德、清涧、瓦窑堡三个据点，不敢再进攻了。

延长、延川解放后，前总决定集中兵力肃清西线之敌，首先攻克盘踞在安塞县境的各个敌人据点。安塞县是陕甘边、陕北两个根据地的一个中间地带，解放安塞、拔掉敌据点，就可使两个红色区域连成一片。

6月10日，志丹派陕北游击队第四纵队围攻安塞县高桥镇，后又派红八十四师一团增援。高桥民团慑于我军事压力，于16日投降。延安民团百余人在团总李汉华带领下，前来援助高桥，亦被我军击溃，李汉华当场毙命。与此同时，前总又派红四十二师三团和义勇军围攻安塞县政府所在地兴隆寨。守城一连敌军见我军攻势凌厉，连夜弃城逃窜，我军活捉两任安塞县长及一些县政府要职人员。安塞县城成为我军解放的第四座城池。

为了消灭安塞县境敌人据点，志丹率部连续作战，于6月17日攻打了安塞县最后的一个据点李家塌。李家塌寨子是个最反动的"土围子"，坐落在两沟交点的山角上，三面是天然断崖，一面是人工削成的陡壁，寨墙很高。寨内群集着一大批最反动的豪绅地主及其家属，豢养着一支一百多人的反动武装。这些敌人，经常窜出巢穴，捕杀革命干部和群众，为非作歹，罪恶昭彰，人民群众恨之入骨。

战斗打响后，敌人凭险死守，我军多次进攻，未能奏效。志丹同志带八十四师师长杨琪、政委张达志、一团团长贺晋年同志一道观察地形，决定组织突击队；由贺晋年同志率领，从寨南悬崖的石槽攀登攻寨。命令二团组织佯攻，牵制敌人。

突击队登上寨墙后，敌人慌忙阻击，我军 20 挺机枪，一齐开火，压住敌人火力，掩护我突击队越墙打开寨门，迎接主力进寨。敌人见寨门打开，负隅顽抗，拒不投降。与敌激战至天黑，才胜利结束战斗。寨内守敌，除被打死打伤者外，尽被生擒活拿。此日，前总成立临时法庭，志丹亲自审判唐海鳌等几个罪大恶极的头目，就地正法。至此，安塞县宣告全县解放。陕甘边、陕北根据地连成一片。

解放安塞县后，接到西北工委信称石湾敌井岳秀部有进犯动向，志丹同志令八十四师二团返回安定，保卫工委、军委机关，调红四十二师二团加入主力兵团，决定继续北进，攻打靖边县。

靖边守敌有井岳秀部五一三团曲子鹏营四百余人和县警队、民团200 人。志丹同志认真分析敌情，决定用五个团的优势兵力，采取速战速决的战术，歼灭这股顽敌。根据靖边城一面依山，两边傍水，城墙高筑，碉堡林立的特点，志丹作了详细的部署。

6 月 28 日凌晨两点，我军暗渡芦河，进入阵地，拂晓开始总攻。我军攻势凶猛，敌人反击顽强，两军激战整整五六小时，敌人才溃不成军。敌营长曲子鹏见大势已去，便带几名贴身马弁向宁条梁方向逃去。我军立即组织追击，将敌全歼，曲子鹏被当场击毙。这一仗，毙伤俘敌六百多人，缴长短枪五百余支、重机枪两挺、七五迫击炮两门、六〇迫击炮四门。俘敌县长、民团总指挥、县党部书记等百余人。靖边县遂告解放，成为我军解放的第五座县城。

歼灭顽敌曲子鹏，威震敌胆，保安县守敌八十六师一个营，自知无力与红军抗衡，于 6 月底仓皇弃城而逃。保安县获得解放。至此，我西北工农红军在志丹同志的亲自指挥下，连续解放六座县城，取得了粉碎敌人第二次"围剿"的决定性胜利。在部队返回安定时，我奉志丹命令归队。但那时我的伤还未痊愈，行军打仗不得不依靠骑马。吴岱峰同志调西北军委筹办军政干校。

## ○ 南北线获捷

正当西北红军主力在志丹率领下，与敌八十四师、八十六师作战之际，我南北两线红军，也在按照志丹的部署，投入紧张的战斗。

红二十六军四十二师三团、义勇军北调后，边区政府主席习仲勋、师长杨森、陕甘边军委主席刘景范率红四十二师一、二团，骑兵团，二、三路游击队及赤卫军，坚持根据地斗争，打击进犯之敌。

红四十二师二团于 3 月中旬在南梁地区完成抗击敌三十五师的任务后，按原定作战方案，迅速实行战略转移，在陕甘边西北、东北区向敌人发动进攻。红二团于 4 月下旬，在杨清川伏击敌警三团骑兵连获胜；5 月中旬，奔袭宁寨川五城镇，歼灭民团百余人；接着北上定边，在韩家洼摧毁敌张廷祥的一个修械所；随后，转锋南下，奔袭吴旗镇民团，解放了吴旗镇。红二团在两个多月的游击活动中，消灭了一批地方反动武装和民团，开辟了定边以东、靖边以西游击区，部队也得到了扩大。6 月下旬，红二团奉西北军委命令北上归建西北主力兵团，参加攻打靖边的战斗。

这期间，骑兵团在杨森率领下，充分发挥机动灵活、行动迅速的特点，又两次东进、南下打到白区去，切断咸榆公路，宣传党的政策，扩大红军影响，牵制南线敌人。

骑兵团第一次出击，由黑水寺出发经洛河川东进甘泉、宜川。5 月中旬，与敌宜川县民团一百六十余人在屯石崾岘遭遇，当即展开激战，一举将敌全歼，缴枪百余支。后接前总命令，参加攻打延长战斗。骑兵团到达时，延长已经解放。前总将缴获敌军的百余匹战马，交给骑兵团，组成骑兵第四连。随后，志丹命令骑兵团仍回宜川，牵制敌人。6月初，杨森率骑兵团攻打宜川城不克，挥师南下，在洛川、宜君、白水三县交界区的观音堂镇消灭民团二十余人，遂向澄城、合阳、韩城一带前进。部队到澄城县附近消灭民团五十余人，在合阳甘井镇消灭民团六十余人，接着奔袭韩城附近民团，打土豪、分财产，筹款万余元。最后，沿黄龙山转回洛河川下寺湾。

7月上旬，骑兵团二次南下，在富县羊泉会合红一团，消灭黄陵县龙坊塬杨相之民团，并在富县、宜君、黄陵一带活动，消灭地主武装，摧毁反动政权，开辟洛川、黄陵、宜君游击区，控制咸榆公路宜君至洛川段，给敌人造成运输上的困难。7月中旬，红一团、骑兵团在白水、澄城、韩城一带活动一段时间后，经黄龙山南麓转回根据地。骑兵团返回下寺湾，红一团返回照金根据地。

1990年看望原陕甘老红军宋飞同志（左一为宋飞，右二为王世泰）

与此同时，陕北红军独立三团和各游击支队，在中共神府工委领导下，进行土地革命，开辟根据地，积极寻机作战，歼敌数百人，缴枪四百余支，牵制了敌井岳秀部。

由于南线红四十二师骑兵团，红一、二团，二、三路游击队以南梁根据地为中心，四处出击，寻机歼敌，牵制南线敌马鸿宾三十五师、冯钦哉四十二师、杨步飞六十一师，不敢贸然北进，有力地支援了西北红军主力兵团集中兵力打击敌八十四师的战略部署，为粉碎敌人第二次大"围剿"作出了积极的贡献。

至此，敌人处心积虑策划的第二次"围剿"彻底失败。我军取得转战千里，解放六座县城，毙俘敌三千余人的空前大胜利。广大指战员和陕甘边、陕北根据地的人民奔走相告，欢喜若狂。人们以有志丹这样的群众领袖而庆幸，以有四十二师、八十四师和游击队这样的人民武装而自豪。

## （四）党中央挽救了西北革命的危机

正当我西北红军和陕甘边、陕北根据地人民，积极投入第三次反"围剿"斗争之际，"左"倾教条主义的推行者在根据地内全面推行错误路线，大搞所谓"肃反"斗争，逮捕、残害以志丹同志为首的大批坚持正确革命路线的党政军领导同志，致使西北革命处在外有敌人重兵"进剿"，内有忧患蔓延的危急关头。1935 年 10 月党中央、毛主席率中央红军到达陕北，及时纠正"左"倾教条主义路线的错误，粉碎敌人的第三次"围剿"，挽救了西北革命的危机。

### ○ 敌人新阴谋

1935 年 7 月，敌人对陕甘边、陕北根据地的第二次"围剿"，惨遭失败；我中央红军冲破敌人数十万大军的围追堵截，爬雪山、过草地，向陕甘边胜利挺进。蒋介石犹如鲠骨在喉、芒刺在背，慌忙调兵 10 万之众，亲任"西北剿匪总司令"，向陕甘、陕北根据地发动反革命的第三次大"围剿"，妄图一举消灭我西北红军，侵占我苏区，迫使我党中央和中央红军无立足之地。

敌人的部署是：东面沿黄河一线为敌阎锡山部六个旅；北面为敌高桂滋、井岳秀部两个师；西面为敌马鸿宾、马鸿逵部和东北军董英斌、何柱国部共 10 个师；南面为敌东北军王以哲四个师、杨步飞一个师及西北军一部。7 月下旬，除敌八十四师、八十六师已在根据地北线外，在南线担任"围剿"主力的敌六十七军已开始在洛川地区集结；东线晋军五个旅于榆次地区集结，先头部队已渡过黄河，进至绥德、吴堡一带；敌三十五师一〇五旅进驻环县。

此时，我西北红军主力和游击队只有万余人，敌我对比十比一，而且第二次反"围剿"斗争刚刚结束，我军未能得到休整和补充。面对敌人大规模的"围剿"，志丹同志认为，敌人调动这样大的兵力，受到交通运输的限制，粮秣供应的困难，行动定会迟缓；各个军阀之间，杂牌军与嫡系之间，为保存实力和地盘互不信任，矛盾重重，各线"围剿"行动不能完全协调一致；东北军远道而来，不熟悉黄土高原地形，没有和红军、游击队交过战，难以发挥其优势。这些都是敌军的弱点。

根据志丹对敌情的分析，前总决定，集中红四十二师和八十四师，乘敌之隙，各个击破。在敌人部署未完成前，首先打东线晋军，后打立足未稳的南线东北军；命令红二十六军四十二师一团、骑兵团在咸榆公路东西两侧，开展游击战争，牵制南线敌人，动员陕甘边、陕北所有的独立团、营，游击队，赤卫军，少先队广泛开展游击战争，牵制敌人。

7 月上旬，志丹率红四十二师二、三团，义勇军和八十四师到达绥德小理河川三皇峁，打开寨子，歼敌一个工兵营 100 人。7 月 17 日，敌五〇一团一营、五〇二团三营和张廷芝骑兵营到高家塌地区抢粮。我主力红军给敌人以迎头痛击，毙伤俘敌三百余人，获长短枪三百余支、机枪18挺，五〇一团团长艾捷三负伤逃跑。7月下旬，我军返回秀延地区，作短暂休整。

## ○ 东进打晋军

8月初，志丹率部经清涧袁家沟、花岩市北上，到佳县与吴堡交界地区，指挥红四十二师二团消灭井岳秀部一个连。继而部队秘密插到吴堡县东北地区，准备攻打穆家塬据点。

穆家塬位于吴堡县北，穆家村在穆家塬东沟畔上，村子北面平地筑起寨子，叫穆家寨子。寨子筑有高墙碉堡，并有深一丈、宽三丈的护城壕沟，寨外四周为开阔地。寨内住有晋军二〇六旅四一二团一个连，与宋家川、辛家沟、郭家沟三个据点的敌人有联系。志丹决定红八十四师一团偷袭穆家寨子，其余部队分三路埋伏，阻击、歼灭援敌。

8月11日凌晨，我红一团趁天还未大亮，接近寨子。不料被敌人发觉，突然打出几发照明弹，将登城战士照得一清二楚，进攻受阻。偷袭不成，前总决定组织强攻，非拿下这个据点不可。命令红四十二师三团担任主攻任务。我们接到命令后，立即组织攻城突击队，准备云梯、绳索等工具，并再次察看了地形，决定从寨东一条直通寨墙根的小沟渠进攻。

天大亮，战斗打响后，在二十几挺机枪火力掩护下，我率一百多名突击队员，沿小渠向寨子接近。当我军攻到寨墙下面，敌人将"滚雷"（阎锡山兵工厂制造的大炸弹）不断向下投扔。搭上云梯，云梯被炸飞，几次强攻，未能得手，部队伤亡很大。我命令战士强行登城。就在此时，我的左大腿被敌人的"滚雷"炸伤。黄罗武同志见我负了重伤，立刻扑到我身边，将我背上拖出"滚雷"爆炸圈。黄罗武同志打仗勇敢，枪法好，跑得快，是个好样的战士。这次负伤，不是罗武同志救我，后果是不堪设想的。最后，一名陕西商洛籍战士，冒着枪林弹雨，借用刺刀插在墙缝里的支撑，硬是登上墙头，随手甩出几颗手榴弹，打开一个缺口，其余队员登云梯陆续攻进寨子，全歼守敌一个连。

攻打穆家塬的枪声，惊动了宋家川、辛家沟、郭家沟的敌人。他们慌忙派兵前来增援。当敌增援部队进入我伏击圈时，我军突然发起进攻，打得敌人蒙头转向，溃不成军。这一仗，共歼敌600多人。

在这次攻坚战斗中，我是旧伤未愈，又添新伤，由于伤势严重，此后不得不坐担架随军行动。红三团则由政委黄罗斌同志兼团长，王富贵同志任副团长。

反击敌人第三次"围剿"首战告捷，敌人惊魂不定，误认为我军主力要北上神府地区，急忙在黄河两岸增兵加强防御。前总利用敌人错觉，一面扬言北上，一面秘密挥戈南下，至绥德新庄一带待命。

正在此时，前总接到西北工委要求红军主力继续向北发展，进攻敌八十六师二五八旅，打通佳、吴、神、府根据地的联系，并护送一批干部去根据地工作的指示。

让主力兵团北上，纯属瞎指挥。稍懂得军事常识的人，都不会作出这样的指示。敌人已经误认我军北上，调集部队做好阻击部署，这时我军如果再行北上，远涉300里的封锁区，那不等于硬往敌人口袋里钻。退一步设想，就是我们强攻硬打，进入神府地区，部队不但会遭到重大伤亡，而且远离根据地中心也站不住脚。除此之外，红军主力北上，瓦窑堡、清涧等地之敌，必然会乘虚而入，进攻永坪镇，给我西北工委和西北军委等后方机关造成不堪设想的损失。鉴于此种情况，前总决定说明情况，暂不执行北上指示。西北红军主力兵团转戈南下，寻机打击晋军。志丹同志和前总的这种实事求是的决定，无疑是正确的，受到广大指战员的拥护。

在绥德新庄一带集结时，我军获悉定仙墕守敌晋军四一二团一个营，被我游击队、赤卫军围困得连水都吃不上，粮食、烧柴也很困难，频频告急，晋军第三旅旅长马延寿（外号叫马老虎）亲自带第六团西渡黄河救援。志丹同志下决心，采取围城打援的战术，消灭增援之敌。

志丹命令部队直奔定仙墕加紧围困，缩小包围圈，用火力封锁水源，不准敌人出寨抢粮、抢柴、取水。同时，做好了歼灭援敌的一切部署。

8月中旬，晋敌马延寿带第六团西渡黄河，沿河西岸而下至枣林坪。枣林坪距定仙墕三四十里。8月21日，敌人由枣林坪出发，向定仙墕前进，当敌人进至石墕岭塔山腰的我军埋伏地后，遭我红四十二师二团猛烈火力的阻击。接着，红四十二师三团和抗日义勇军从石格溜咀向敌人侧击。敌人受到我军突然袭击。企图凭借其手中的迫击炮和重机枪打开一条路，向定仙墕靠拢。志丹命令红一团打乱敌人前卫营。敌人在我军三面攻击下，乱了阵脚，最后被压到尽绊拦沟的十余里的沟道里，全部被歼。这一仗，打了整整十几个小时，我军伤亡很小，敌人伤亡惨重，毙伤敌副团长以下二百余人，俘虏一千余人，缴获八二迫击炮六门、重机枪十二挺、轻机枪五十余挺、长短枪一千余支，以及大批军用物资。战斗中阎锡山派一架战斗机"助威"，在定仙墕附近投弹，结果被我红军击伤坠落于绥德薛家峁附近，两个驾驶员被俘。这是我西北红军缴获的第一架飞机，极大地鼓舞了苏区军民。

定仙墕围城打援获胜，创造了西北红军一次歼敌一个整团和旅直属部队的纪录。打垮了敌晋军的锐气，晋军除留一部分收缩在宋家川、石堆山等坚固的工事里，其余全部撤回黄河东岸。

而后，志丹率部队转移到安定县文安驿地区休整。

## ○ 危机的出现

蒋介石和西北地方军阀对陕甘边、陕北根据地进行第一次、第二

次"围剿"的关键时刻，西北工委、西北军委以及志丹、子长同志根据
毛泽东同志的战略战术思想，充分发挥游击战争的特点，领导根据地的
军民，进行奋勇抗击，先后取得反"围剿"的伟大胜利。但是，正当西
北军民燃起第三次反"围剿"斗争的烈火，斗争形势蓬勃发展的大好
时刻，却遭到了王明"左"倾教条主义的荼毒。西北革命面临着新的
危机。

1935 年 1 月，遵义会议事实上确立了毛泽东同志在党中央和红军
的领导地位，开始确立以毛泽东同志为主要代表的马克思主义正确路线
在党中央的领导地位，开始形成以毛泽东同志为核心的第一代中央领导
集体，开启了党独立自主解决中国革命实际问题新阶段。虽然如此，当
时党中央正在长征途中，还没来得及肃清"左"倾路线在各地的影响。
而陕北交通闭塞，更是听不到党中央的声音。所以"左"倾教条主义便
变本加厉地在这块全国仅剩下的红色区域盛行。

朱理治等中共中央派驻陕北代表团的成员，作为陕甘边、陕北党
组织的主要负责人和重要成员贯彻了当时尚未得到纠正的王明"左"倾
错误和上级对"肃反"的错误指示。

1935 年 7 月中旬，西北工委扩大会议在延川县永坪镇召开，会
议传达了《中央驻北方代表给陕北特委的信》《中央驻北方代表给红
二十六军同志的信》《中央驻北方代表、河北省委给陕甘边特委及全体
同志的信》《中央驻北方代表、河北省委给陕北、陕甘边特委的指示信》
《中央驻北方代表五月份机密指示》五封指示信。会上，北方代表等对
革命形势作了完全错误的估计，不顾"左"倾错误造成的南方根据地和
全国白区工作的严重损失，认为西北形势和全国一样，也是处在"伟
大阶级决战的前夜"，革命力量已经超过了反革命力量，占了"绝对优
势"。因此，提出陕北党的任务是：巩固发展陕北根据地，并与陕南、
四川以至甘肃、青海、新疆连接起来。同时提出在军事上要"全面出
击""不让敌人蹂躏苏区一寸土地"的口号，要红军去攻打瓦窑堡、延

安等城市。

对于发难和会议错误的决定，志丹等同志是有抵制、有斗争的。志丹认为这主张不过是空想，完全脱离了陕北革命斗争的实际，脱离了敌人陈兵 10 万，"围剿"根据地的客观实际。8 月上旬，刘志丹没有执行西北工委要红军北上打神府的错误指示。8 月下旬，北方代表一行人来到文安驿，召开前总会议重弹永坪会议老调，大反所谓"取消主义"，与会同志绝大多数抵制这些错误意见。但受委派的中共中央北方代表把对"左"倾路线采取怀疑、抵制的同志，一律戴上"右倾取消主义"的大帽子。这次会议，实际上就为"肃反"定了调子造了舆论。最后，会议还错误地做出强攻瓦窑堡的决定。

在这种无可奈何的情况下，志丹同志率部准备攻打瓦窑堡。瓦窑堡守敌早有准备，城内碉堡林立，山寨相连，火力成网，密无死角；城外沟壕纵横，陷坑相套，尖桩密布，易守难攻。志丹会同各指挥员察看地形后，决定放弃进攻。

放弃攻打瓦窑堡后，前总研究北上打横山县。原定偷袭，后被敌人发现改为强攻，激战半日，终未攻克。志丹遂命令撤出战斗。

在攻打横山之前，志丹命令黄罗斌同志带红三团南下，到富县、洛川、黄陵一带侦察东北军敌情，伺机歼灭分散之敌。红三团南下在富县羊泉塬与骑兵团会合。在杨森师长的指挥下，红三团与骑兵团在黄陵县龙坊塬歼敌东北军一个营，侦察了解了东北军的敌情。后接志丹命令，部队返回下寺湾待命。

此时，红二十五军在徐海东、程子华等同志的率领下到达陕北，沿途受到陕甘边特委、政府以及群众的热烈欢迎。志丹同志得知兄弟部队到达陕北的消息，亲自书写《为欢迎红二十五军北上给各级党部的紧急通知》的指令，率部回永坪镇与红二十五军会师。并在以后组成十五军团，由徐海东任军团长，刘志丹任副军团长兼参谋长。

1992年在沈阳与陕北老红军贺吉祥同志亲切交谈（左为王世泰）

9月下旬，中共西北工作委员会和中共鄂豫陕省委员会联席会议在永坪镇召开。按理说，这次会议应是着重向红二十五军介绍西北革命斗争的形势，研究讨论如何彻底粉碎敌人第三次"围剿"的大政方针问题。但是，除表示对鄂豫陕省委和红二十五军的欢迎致意外，会议又着重重复了文安驿会议的错误意见，把西北工委书记惠子俊同志、西北军委主席刘志丹同志攻击得一无是处，声称"西北工委、西北军委和前总都要改组"，要开展"反右倾取消主义的斗争"，"要进行肃清右派反革命的肃反运动"等。于是一场空前的大肃反的灾难便落到了西北党政军干部的头上。

会议决定改组西北工委、西北军委和前敌总指挥部，撤销了西北工委，成立陕甘晋省委，朱理治任省委书记，郭洪涛任副书记，免去惠子俊西北工委书记职务，调往清涧县修械所当工人；免去刘志丹西北军委主席职务，任命聂洪钧为军委主席。这样一来，他们把刘志丹从党及军事的主要领导岗位上排挤出去，从而打击那些跟着志丹闹革命，创建苏区和西北红军有功的党政军负责同志。

就在徐海东、刘志丹同志率领红十五军团，刚刚获得劳山大捷后，陕甘晋省政治保卫局采取突然袭击的手法，逮捕了刘志丹同志。他们先后逮捕了习仲勋、杨森、张秀山、高岗、杨琪、惠子俊、刘景范、张仲良、马文瑞、汪锋、黄罗斌、高锦纯、张策、郭宝珊、任浪花、黄子文、蔡子伟、张文舟、李启民、高朗亭、赵启民、蔡春堂、王巨德等一大批党政负责干部和红二十六军营以上干部。我因在穆家塬战斗中负了重伤，又患伤寒病，卧床不起，才侥幸未被逮捕。

他们的所作所为引起了根据地人民和西北红军战士的强烈不满，使红军的力量受到削弱，使苏区日渐缩小，给革命带来了严重的损失。一时间，那些被打倒的地主豪绅弹冠相庆，纷纷反水。陕甘边、陕北根据地已被"左"倾教条主义者拖到了危机的境地。

## ○ 党中央来了

1935 年 9 月 18 日，中央红军在毛泽东和党中央的率领下，经历千辛万险，到达甘肃南部哈达铺。在这里获取了大量的报刊，其中天津的《大公报》引起了毛泽东和张闻天的极大兴趣。当年 7、8 两月的《大公报》上，连篇累牍登载所谓"陕乱"，等于全方位地披露了陕甘、陕北苏区和西北红军的消息。其中有报道说："全陕北 23 县几无一县不赤化"，"全陕北赤化人民 70 万，编为赤卫队者 20 余万，赤军者 2 万"，"匪军军长刘志丹辖三师，……枪有万余"，"现在陕北状况，正与民国二十年之江西情形相仿佛"。这些充满贬义的报道，却成了毛泽东和他的战友兴奋不已的话题。有这样一块根据地，何愁长征没有落脚点呢？22 日下午，在哈达铺召开的团以上干部大会上，毛泽东作了形势动员报告。他充满信心地说，同志们，胜利前进吧！到陕北只有七八百里了，那里就是我们的目的地，就是我们的抗日前进阵地。10 月 19 日，党中央和毛泽东率领中央红军到达陕北吴起镇，与红十五军团会师，实现了一次伟大的战略转移。

党中央、毛主席领导中央红军到达陕北，给陕甘边、陕北带来了光明和希望，吹散了根据地人民群众心头笼罩的迷雾。人们奔走相告，欢喜若狂，杀猪宰羊，送米送面，亲切慰问中央红军，并决心在党中央和毛主席的领导下，努力生产，支援前线，为革命多做贡献。

党中央、毛主席领导中央红军到达陕北，增强了陕北人民对敌斗争的勇气和信心。中央红军、红十五军团和广大人民群众，在毛主席亲自指挥下，团结一致，共同对敌，获得直罗镇大捷，歼敌一〇九师和一〇六师一个团，击溃敌一〇六师、一一一师增援部队，迫使一〇八师退回甘肃境内，一一七师退出富县。彻底粉碎了蒋介石对陕甘边、陕北的第三次"围剿"，保卫了陕甘边、陕北根据地，使陕北苏区出现了一个新的局面。

党中央、毛主席率中央红军到陕北，结束了王明"左"倾教条主义的统治，制止了错误的"肃反"，挽救了西北革命的危机。当党中央毛主席得知刘志丹、习仲勋等一大批革命同志被打成"右派""反革命"投入监狱，立即指示"刀下留人、停止捕人"。中央派王首道同志任西北保卫局局长，接管戴季英控制的西北保卫局，把事态控制下来，避免了进一步恶化。毛主席语重心长地对王首道等同志说，杀头不能像割韭菜那样，韭菜割了还可以长起来，人头落地就长不拢了。如果我们杀错了人，杀了革命同志，那就是犯罪的行为。大家要记住这一点。要慎重，要做好调查研究工作。王首道等同志经过一番实事求是的调查研究，推翻了那些"左"倾教条主义推行者强加在志丹等人头上的罪名，如实向毛主席汇报了。毛主席听了汇报，严肃地指出逮捕刘志丹等同志是完全错误的，是莫须有的诬陷，是机会主义，是"疯狂病"，应予以立刻释放。于是，在党中央、毛主席、周恩来副主席的关怀下，刘志丹、习仲勋等党、政、军的领导干部被救出狱。

　　志丹同志出狱时，毛主席和周副主席亲自派人去接到驻地，作了两个多小时的亲切谈话。不久党中央任命刘志丹为中央军事委员会西北办事处副主任（主任由周恩来同志兼任）、红军北路军总指挥、红二十八军军长、党中央所在地瓦窑堡警备司令等职。志丹同志虽然蒙受那么大的不白之冤，但从无怨言。1936年元月志丹同志到永坪医院看我，当我提起"肃反"问题时，志丹对我说："现在好了，党中央、毛主席来了，错误路线的领导已经结束了。我们要听党中央、毛主席的话，好好为党工作，让党在实际行动中鉴定每个党员。"他是这样说的，也是这样做的。直到1936年4月，率军东征，牺牲在前沿阵地上，用自己生命实现了自己为共产主义奋斗终身的诺言。事实上，历史已经作出公正的结论。

　　从此，陕北根据地成为党中央领导全国人民进行抗日战争、解放战争的中心，为革命作出了巨大的贡献；西北红军二十六军四十二师、二十七军八十四师，汇入中央红军的洪流，南征北战，为中华民族的解放事业，建立了不朽的功勋。

1999年战地重访时在宝鸡宝天铁路烈士纪念碑前与刘懋功等人合影（右一为王世泰，右二为刘懋功）

## ○ 亲切的关怀

我自从穆家塬战斗负伤后，坐担架随军转战月余，伤情不断恶化，最后转到永坪医院，由于那时药物极缺，医疗条件太差，伤口溃烂化脓，又染上伤寒，迟迟不能恢复健康。待病好伤愈后，双腿肌肉萎缩，左腿不能伸直，站立时离地半尺许。我的马夫李占彪，每天为我按摩推拿，并用酒洗腿，在老李同志的精心护理下，我才由 1936 年春开始拄双拐子下地，以后逐渐丢掉一只拐子，直到 1937 年夏才完全丢掉拐子独立行走。

腿残废了，不能上前线，只好于 1936 年春，到瓦窑堡中央军委报到，继续养伤。在瓦窑堡受到军委参谋长张云逸同志的照顾和关心，安排我与李德（苏联顾问）住在一个有三孔窑洞的小院里。李德住中间窑洞，我住在东边窑洞，西边窑洞空着。在这里我受到周副主席的亲切关怀，至今回忆那段往事，仍充满无限幸福。同时，也在心底里无数次悼念着我们敬爱的周总理。

1936 年 4 月，从前线突然传来志丹同志不幸牺牲的噩耗。这噩耗犹如晴天霹雳，将我震呆了，我几乎不相信自己的耳朵。我悲恸不已，眼里虽未落泪，心里却在痛哭。我哭我失去了一位朝夕相处、亲如骨肉的良师益友；我哭陕甘边和陕北人民失去了一位风华正茂、才华横溢的群众领袖；我哭我党失去了一位忠于革命、忠于人民的坚强战士。连日来，志丹的音容笑貌时时浮现在我的眼前；志丹短暂而又传奇的一生在我脑海里一幕一幕地展现；特别是他对我的亲切教诲和无微不至的关怀，更让我思念不已，是他教我由一个青年学生走上革命的道路，成为一名战士；是他亲手把我培养成为一名指挥员；是他教我正确对待胜利和挫折，永远忠于党忠于人民的事业……我日夜等待着前方确切的消息，等待着志丹灵柩的到来。

一天晚上，周副主席派人来接我，我到中央军委他的住处之后，周副主席说："刘志丹同志不幸牺牲，使我们党失去了一位优秀的共产主义战士，是个重大损失。我们大家都很悲痛，但是你的伤还没有好，不能过度悲伤，要振奋精神，学习他的优秀品质和高尚的情操，这就是对志丹同志最好的悼念。"

接着，周副主席说："我找你是让你谈谈志丹的生平事迹，准备给志丹同志开追悼会。"说完让两个参谋同志作记录。

我对周副主席谈了志丹同志在党的领导下，参加北伐战争，组织渭华暴动，建立陕甘游击队和陕甘边中国工农红军，开创照金、南梁根据地，率领西北红军转战陕甘宁，打击国民党反动派和地方反动武装的战斗事迹；谈了志丹同志善于团结群众，为人忠厚，刚正不阿，严以律己，宽以待人，在党内外干部、群众中享有崇高威望；谈了志丹同志胸怀博大，忍辱负重，顾全大局，对党无限忠诚的高尚品德；谈了志丹同志善于调查，精于研究，运用战术灵活的求实精神，是一位成熟的军事指挥员；等等。

谈话持续近三个小时，周副主席不时插话询问每一个细节问题，最后说："志丹同志确实是我党的好儿子，人民的英雄，他的英雄业绩，永远值得我们怀念。"约一周后，志丹同志的追悼会在瓦窑堡隆重召开，边区军民数千人参加，周副主席主持大会，代表中央讲话，并号召边区青年为保卫红色政权，为烈士复仇踊跃参加红军。会后青年们纷纷报名参军，不久即达红军 7000 多名。

当我向周副主席告辞，等候军委四科（管理科）找马送我时，周副主席问我："你没有马吗？"我说："原来有匹马，放在四科，不知谁借走的，要不回来了。"周副主席当即亲笔写了条子，交给四科去办，第二天我的马便送回来了。有了马，在那年月，我这个残疾人就有了腿，领粮、找药就不用愁了。1936 年秋，敌井岳秀部张云渠营突然袭击瓦窑堡时，全靠了这匹马，我才能随机关安全转移。周副主席这种体贴入微的关怀，怎能不使我感激万分呢？而更令我感动不已，终生不能忘怀的是，以后周副主席两次设法让我去外地治腿的事。

由于我同李德同志住在一个院内，每次周副主席看望李德时，都顺便看看我。一次周副主席看我时说："你现在还丢不掉双拐吗？"我说："左腿伸不直，比右腿短半尺，丢掉拐子不行。"周副主席说："我正在设法联系，送你去上海治疗。"接着他又说："现在上海地下党遭到严重破坏，国民党特务十分嚣张，要去只能通过我的社会关系。"

后来周副主席考虑到去上海要经过重重封锁线，不安全，而我又是个西北人，去南方语言不通，危险性更大，所以打消了原来的念头。

去上海不行，周副主席又想让我去苏联治腿。去苏联需要乘坐飞机才行，当时边区没有飞机场，要坐飞机需要到国民党统治区域。周副主席仍然不放心，怕出不测。最后周副主席告诉我："我想让你去苏联看病，看来也没有条件了。你还年轻，现在唯一的办法是一边治病，一边加强锻炼，不要怕麻烦，不要怕疼痛，要有毅力。只要有决心，你的腿一定能够恢复的。"

周副主席，作为毛主席的助手，肩负着领导全国革命的重任，日理万机，还惦念着我这样一个普普通通的战士，并两次设法寻求治疗机会，怎么不使我感动呢？听了周副主席语重心长的话语，我心里觉得暖烘烘的，激动地说不出话来。只是连声说道："谢谢、谢谢！我一定按照您的话去做，加强锻炼。"

自此以后，我一扫往常那种悲观情绪，与我的马夫老李同志的推拿按摩紧密配合，加紧锻炼，终于甩掉双拐。回到部队，继续领兵作战至解放战争在全国完全胜利。

我的一条残腿能够康复行走，是和周副主席给我的勇气，给我的力量分不开的。记述出这段事实，以表达对周总理的无限缅怀和无比崇敬的心情。

# 结束语

这篇回忆录，主要是以个人亲身经历贯穿始终，但为了说明一些问题，也访问了一些同志，参阅、引用了一些文章的资料，特此说明。并向有关同志致以谢意。由于事隔已久，记忆难免有误，加之个人理论水平不高，对其中有些问题的评论可能欠妥。这些都敬请诸位战友和同志们不吝赐教，予以补正。

# 附 录

## 转战秦岭山中
### ——回忆红二十六军红二团在商洛地区活动片段 ①

光阴荏苒，岁月如梭，回想起 50 多年前，红二十六军红二团（以下简称红二团），受党内"左"倾教条主义执行者的干扰，被迫转战秦岭山中所经受的种种艰险历程，迄今记忆犹新；特别是商洛地区人民群众，在红军进行艰苦卓绝的斗争中，所给予的无私支援，更使我们终生不敢忘怀。

(一)

1933 年 5 月底，王明"左"倾教条主义的忠实执行者杜衡（后叛变投敌），不顾刘志丹等广大指战员和陕甘边特委的反对和劝阻，强令红二团南下，建立所谓渭华根据地。

当时，红二团是红二十六军唯一的主力部队。这支部队的指战员，都是在多年战火中锤炼出来的，为创建和发展以照金为中心的革命根据地，立过不朽的功勋。这支部队，在根据地内，如鱼得水，东出西击，南北转战，不断打击敌人，壮大自己，使游击战争开展得轰轰烈烈。然

---

① 此文系作者于 1986 年 8 月为中共陕西省洛南县委党史办撰写的回忆文章。

而，杜衡硬要红二团开赴被西北军驻守的重镇西安附近，创建根据地。对此，我们指挥员担心，战士们议论纷纷，都对能否实现这个任务持怀疑态度。但是，作为指挥员，我们只能服从。

果不出所料，当红二团离开耀县北梁，挥师南下，经淳化、三原、高陵等县，强渡渭河到达灞桥附近，就被敌人发现，死死"咬"住，穷追不舍。我军奋起抗击，接连突破敌人的堵截，甩掉敌人的尾追，有时一日连打三仗，消灭大量敌人，缴获大批武器，转入秦岭山中。

转战中，敌人愈集愈多，我军不断伤亡。特别是秦岭山区地形复杂，道路崎岖，森林茂密，荆棘丛生，气候多变，时雨时风，战士们大都疲惫不堪，部队处在极度困难之中。

6月15日，我军转移至蓝田县张家坪，准备休整几天，研究以后行动的方向和计划。

翌日清晨，山中起了大雾，整个村庄淹没在雾海之中。早饭过后，团党委正在开会，突然枪声大作。原来敌唐嗣桐旅趁大雾偷袭上来，向我军发起猛烈的进攻，我们当即休会，命令各部投入战斗。

仓促中，我带吴岱峰、高锦纯的二连和其他连队共一百多人，迅速抢占西北面的一座山坡，以树林为依托，集中火力抗击敌人，掩护其他部队突围。由于我们居高临下，拼命阻击敌人，击退敌人多次强攻，争取了时间，使志丹、汪锋同志各带一部向西、向南，分别于上午突围出去。但我们却一直从北山撤不下来。直到第二天早上八九点钟，我军又与两营进攻的敌人战斗半日之久，才边打边向后山撤出战斗，沿大台子、瓦房沟一带向秦岭纵深转移。

（二）

张家坪战斗失利，我决定率部队向商洛地区的洛南县两岔河一带转移，以求迅速摆脱敌人的追击。

为什么我决定要向两岔河转移呢？当时有三个想法：一是，1928年刘志丹、唐澍等同志领导的渭华暴动，曾经到达洛南两岔河一带，在群众中留有一定的影响；二是，两岔河一带属秦岭后山地区，山大林密，国民党军队很少涉足这里，便于我们活动，即使国民党军队前来，我们可以随时退入深山与敌人周旋；三是，志丹、汪锋同志下落不明，我们必须要寻找他们。而他们要率部返回照金，从蓝田一带出山危险很大，很可能要绕道由洛南县北出华县。所以，我才作出这样的决定。

撤出张家坪后，我带一百多人，在大山密林中穿行了三四天，最后沿灞龙庙南山的一个山梁向东转移，经箭峪、张家院、蒋沟到达洛南县两岔河附近。

两岔河位于秦岭分水岭以南二十多里的两条河流交汇处。镇子虽然不太大，但在山区里也算是个热闹的地方，镇上住有民团。

为了争取休整时间，不暴露目标，我们没有直接进驻两岔河镇子，而是绕道进入镇北的老后山（秦岭一段分水岭，当地群众叫老后山）。老后山海拔一千多米，山上奇峰群立，山下沟壑纵横，山中稀稀拉拉地住着一些人家。

时值盛夏，满山林木覆盖，到处郁郁葱葱。半山坡有一座古庙和一个尼姑庵，禅房破烂凋零，院中荒草萋萋。这里虽不能久住人家，却是我军暂时容身的理想之地。初到时，我们白天结集于庙中休息，夜间派出部分战士外出活动，慢慢接近群众，进行宣传，搞些粮食。

几天后，我召集部队连以上干部，就当前的形势和下步行动计划作了研究和安排。大家统一思想，一致认为，在未得到志丹和汪锋同志的确切消息之前，我们主要任务是保存实力，坚持斗争，争取民众，等待消息。同时，决定将部队进行整编，加强领导，提高战斗力。整编时仍以二连番号为基础，补充一些战士。整编后的二连仍由吴岱峰担任连长，高锦纯任指导员，其余人员直属团部领导，由杨文谟负责。在这里我们活动了近一个半月。部队经常没有吃的，没有宿营地，更没有医药，不少战士得病后只有硬挺着，或采集些草药治一治，生活非常困难。

两岔河驻有当地民团，团总叫高老五，手下几十个人。此人胸无韬略，野心不小。当他从群众中得知一部分红军"被困"山中，企图趁机收编我们。其实，那时红二团虽然遭到失败，仍有百十名指战员，对付国民党正规军力不从心，要收拾民团可说不费吹灰之力。但是，我们眼下不能那样做，如果我们消灭了民团，国民党部队就会闻风而来，那我们就会在这里站不住脚。所以，经过深思熟虑之后，我们决定，根据志丹同志在蓝田县灞龙庙与李凌云民团拉关系，争取互不侵犯，并获得部分粮食、衣服的经验，将计就计，同高老五谈判。

开始，高老五派两个团丁来找我们，说他们团长说，他们不打我们，让我们也不要打他们。我告诉说："回去告诉你们高团长，我们同意，但最好还是派个头头来谈判。"三天之后，他们果然派了个头目带两个团丁来了。我部派高锦纯同志具体同他们谈判。谈判中，我方提三个条件：一、双方保持友好；二、民团负责供应我们粮食衣物；三、若敌人正规军来了，要迅速通知我们。对方条件就一个，那就是要收编我们。我方佯装同意，说："收编可以考虑，但你们必须答应我们的条件。"民团答应了，并派团丁和部分群众给我军送来粮食、大饼、衣物、鞋袜、手电筒等。时隔不久，民团发现我们按兵不动，没有接受改编的迹象，觉得受骗上当了，就不再送东西。想打我们，打不了，只得加强戒备，龟缩在镇里，而我们为了达到寻找志丹、汪锋同志以及失散战士的目的，也没有主动出击他们。

（三）

在两岔河一带活动期间，我曾先后派出十数人次，寻找志丹和汪锋同志，都没消息，心中十分焦急。但我们并不气馁，相信志丹和汪锋同志一定还在坚持与敌人周旋。所以，我暗自下决心，再苦再累，再难再险，也要找到他们，并以此激励战士，团结一致，坚持斗争。

南征以来，几经遭劫，部队不断减员，加之天时地利无一不对我军构成威胁。面对这无情而又严酷的现实，我同吴岱峰、高锦纯、杨文谟等商议。我说百十人被困山中，缺吃少穿，长期下去将会冻死饿死在这里，如果走漏风声，再次遭到敌人洗劫，后果更不堪设想。与其坐以待毙，不如分散回照金，再树红旗。留下少部分人，继续与志丹、汪锋同志联络，大家同意我的意见。于是，我把战士集合起来，宣布了决定，并就如何出山，如何通过封锁线等问题，谈了具体意见。

听了我们讲话，在场的同志全哭了。患难与共的战友，情深意长，谁也不愿意离开战斗的集体。但是，无情的客观现实，使大家认识到不能不这样做。最后，大部分战士忍痛同我们挥泪而别。我身边只留下吴岱峰、高锦纯、杨文谟、曹士荣、马宜超等18位同志。我们把战士们留下的枪支，分两地埋入地下，为防止敌人挖枪，把枪身和枪栓异地埋入。

随后，我们一行18人沿着秦岭向东南方向寻找志丹、汪锋同志。四五天后，我们来到两岔河东七八十里的石头峪后沟台子。后沟台子上住着几户人家，都是贫苦农民。其中一家人姓万，户主叫万成录，一家人姓李，户主叫李增仁。开始，他们见我们衣衫褴褛，却个个背着枪，非常害怕，误认为我们是帮土匪。所以，两家老人都让自己的儿子、媳妇躲进林子里。后来，见我们不打人，不骂人，又说是红军，是专门打土豪、恶霸和国民党军队的，才相信是帮好人，把家里人叫回来，给我们做苞谷（玉米）糊糊吃。当晚，我们就打地铺，宿营在这里。

第二天，我们正在吃早饭，哨兵急急忙忙跑来报告，说北面山豁口有人影活动。我随即派一个班长带两个战士前去侦察，对面山上的人见我们的侦察员，既不答话也不躲藏，侦察员高声喊道："你们是什么人？"对方还是不答话，侦察员看对方只有两个人，猜想可能是流落的战士，大胆地再次喊道："我们是王世泰的人，是自己人，你们就下来。"那两个听说是我带的人，连忙说："是王世泰的人，请王世泰出来答话。"

此时，我已来到半山腰，当即向对面喊话，并用望远镜观察，一看，真是喜出望外，原来是志丹同志。志丹听见我的声音，连忙向山下走，我们三步并成二步迎着志丹同志跑去。劫后战友重逢，个个激动得热泪盈眶，心情久久不能平静。

志丹同志，尽管身体患有疾病，硬是凭着他对革命的坚强信念和顽强毅力，终于同我们会合了。志丹同志高兴极了，用他那虚弱的声音连连说道："太好了，太好了，我们总算见了面，留得青山在，不愁没柴烧。我们要重返照金，恢复红二十六军。"

事后，志丹同志告诉我，他带部队沿公路向西突围十几公里后，调头上了南山，到兰桥一带，又从兰桥向北辗转于深山之中。他牵挂失散的同志，几乎每天都派人外出联络，结果毫无消息。就这样在深山里坚持了几十天。嗣后，他两次动员战士分散出山回照金，身边只留下骑兵连指导员惠泽仁和一连二排长贺彦龙等七八个人沿秦岭向东转移，来到箭峪口。他估计我们也许在这一带活动，准备找到我们后，突围出北山找地下党。谁知，一天夜里他们突然遭到民团的袭击，贺彦龙等同志为了掩护他，英勇牺牲，惠泽仁等与他失散。他只身躲进老林，在山中碰到红二团少年先锋队战士蒲永胜，两人结伴流落到石头峪后山，才同我们不期而遇。

找到志丹同志后，我们又惦念着汪锋同志。经分析，同志们认为汪锋同志突围的方向与我们相背，一时恐怕难以联系上。汪锋同志是当地人，地理熟悉，关系也多，可能会安全脱险的。因此，志丹同志决定我们先行返回照金。事后得知，汪锋同志带部队一直向南突围到葛牌镇一带。途中，他们多次与地方民团遭遇，伤亡很大。最后汪锋同志也负了伤，只好在群众掩护下，留在当地养伤，其余同志化装成农民，分散出了山。

至此，我们红二团的指战员，结束了在商洛地区的活动，北出秦岭找地下党。在地下党的协助下，我们巧渡渭河，历经艰险，终于于1933年阴历八月十五晚上，胜利地回到照金根据地，投入恢复红二十六军的新战斗。

我们离开商洛后，曾有一名排长同五六个战士叛变革命，投靠了两岔河民团。

（四）

在洛南两岔河一带活动的两个多月，是我们红二团南下度过的最难忘的日子。

我们忘不了那些可爱的战士，白天，隐蔽在梢林中；夜晚，下山到老乡家找点吃的。连续的战斗，频繁的转移，早已使衣服破烂不堪，几乎遮不住羞丑。鞋子烂得无法穿，干脆打赤脚走路，竹茬树桩扎破脚板，用破布一裹，继续行军。再苦再累，不叫一声，再饥再饿，不拿群众一针一线。有的战士，在饥饿和疾病的折磨下，默默地死去，遗骨洛南山中。他们是真正的英雄，保持了一个红军战士的本色。

然而，更使我们难忘的还是这里的人民对红军的深情厚爱。当时，我们活动主要是在中沟、九道沟、杨岔、茉胡梨沟、黑章、黄村、张家院一带，东西长七八十里，南北二十余里的范围里。

这里虽然当年有渭华暴动的影响，但毕竟对红军了解不多，加之敌人的反动宣传，不少群众开始对红军还是持怀疑态度。起初，我们只能坚持红军纪律，做到秋毫不犯。尔后逐步进行访贫问苦，深入群众，利用一切机会召开群众会议，宣传我们是中国共产党领导的红军，是打土豪、分田地，拯救劳苦群众得解放的人民军队。同时，组织部分干部、战士深入群众，帮助群众做农活，刷写标语，宣传政策。

经过一段时间的工作，群众对我们由怀疑到理解，由理解到信任，由信任到热爱。群众主动地为我们送消息，送情报，想尽一切办法接济我们。这里山大沟深，土地贫瘠，群众生活非常苦，几乎成年累月都吃的是苞谷糊糊。所以，战士们不忍心到群众家搞吃的，常常是以野菜和野果果腹。群众看在眼里，疼在心里，见到战士就拉到家里给做饭吃。有的干脆炒上苞米花、做好饭，送到我们宿营地。记得有一次，杨岔、九道沟的群众一下给我们送了好几担子吃的东西。黄村有 20 户人家，给我们送过饭的就有 17 家。由于我们同群众心贴心，常来常往，不仅大人，连小孩也都同我们很亲近。一次，我带几名战士路过一个小村子，一个七八岁的小孩看见后，给他妈说："红军的团长来了，红军的团长来了！"那时，敌人到处张贴布告，扬言谁要能捉住志丹和我，或通风报信，赏大洋若干。但是，这里的父老兄弟，视金钱如粪土，他们有比金子还贵重的心，总是竭尽全力支持我们，保护我们。一些老人说："活了这么大的岁数，还没有见过这样不打人，不骂人，不抢东西，不进家门（指住宿），一心为穷人的军队。我们能不接济吗？"

人民群众的支援和爱护，使战士们深受感动和教育。大家说："这里的老乡老实忠厚，心地善良，实在太好了，如果没有他们的支援和帮助，我们绝对无法在这里度过困难时期的。"有的说："洛南地区的人民对革命是有功的。"战士们表示，要更加坚定革命信念，为解放全国劳苦大众战斗一生，报答这里的人民对我们的深情厚爱。

我们虽然离开了洛南地区，红军的影响却永远留在这里的人民心中。人民从红军身上，看到了中国革命的希望和前途，并在以后的年代里，为支援抗日战争、解放战争，作出了积极的贡献。

秦岭的山水秀美，秦岭里的人民心灵更美。我衷心祝愿商洛地区的人民，发扬光荣传统，在四化建设的征途中，用自己的双手，绘制出更新更美的图画，为彻底改变山区面貌，献计献策，开拓前进。

# 耿耿丹心照千秋 ①
## ——纪念刘志丹同志牺牲 50 周年

今年 4 月 14 日，是我党杰出的老一辈无产阶级革命家刘志丹同志为国捐躯 50 周年纪念日。

50 年过去了，但志丹同志在他那短暂而又光辉的一生中，为壮大革命武装力量，创建革命根据地，争取中华民族的解放事业建立的不朽功勋，永远光照人间。

50 年过去了，作为在志丹身边工作多年，聆听过他无数次教诲的我，无时无刻不在怀念他那襟怀坦荡、忠诚宽厚的优秀品德，疾恶如仇、刚正不阿的高风亮节，多谋善断、运筹帷幄的军事才能，洞察秋毫、勇于探索的实干作风。特别是他那报效祖国、对党忠贞不渝的耿耿丹心，我以为在开创社会主义现代化建设新局面的今天，更值得我们很好地学习。

（一）

刘志丹同志是中国共产党党员的楷模。

---

① 此文系作者于 1986 年为纪念刘志丹同志牺牲 50 周年而作。

1943 年，朱德总司令代表党中央和八路军，在延安公祭志丹的大会上致词说："刘志丹自大革命起直到为党牺牲，均在各种不同的环境下，以不同方式组织革命军队，虽屡遭失败，但他百折不回至死不变，垮了再来，再垮再来，这种精神和毅力是建军的基本条件。如果有人要问共产党员是什么样子！那么就请看看刘志丹同志。"这是对志丹同志一生真实、公允的评价。

志丹同志所走的革命道路是充满荆棘的道路。他自青年时代投身革命直到为党流尽最后一滴血的 12 年里，出生入死，几经挫折，锐气不减；多次蒙冤，身陷囹圄，对党不改初衷，充分表现出一个共产党员的高尚情操和献身精神。

五四运动以后，新思潮的宣传逐渐扩展到偏僻的陕北。富有强烈爱国心的志丹，接受了这种新思潮的宣传。他就读榆林中学时，在共产党员魏野畴、李子洲教师的指引下，如饥似渴地学习《共产党宣言》等马列主义革命理论。用战斗的激情，书写出《爱国歌》："黄河两岸，长城内外，炎黄子孙再不能等待，挽弓持干，驰骋疆场。快！内惩国贼，外抗强权，救我中华万万年。"来唤起民众的觉醒，激发同学们的爱国热情。他 1924 年加入中国社会主义青年团，1925 年入党，从此把一切献给党。他说："入党就是要为自己的信仰奋斗到底。作为个人来说，奋斗到底，就是奋斗到死。"党号召青年到黄埔军官学校学习军事，他毅然投笔从戎；党派他到冯玉祥部工作，他欣然前往就职；党命令他参与领导渭华暴动，他竭尽全力去执行。他把自己的理想和前途融入党的事业中。

志丹同志，一生光明磊落，恢宏大度，团结同志，肝胆照人。他像一团烈火，无论到哪里，都能把广大干部、群众吸引到自己的周围，形成团结战斗的集体。他作风民主，对干部、战士非常关心和爱护，从不揽功归己，诿过于人。打了败仗，首先自己承担责任，作自我批评，帮助干部总结经验教训。所以，大家都亲切地称呼他"老刘"。同志们

有什么意见和建议，都愿意找他谈；有什么委屈和疑难的事，都想给他
倾诉。每当如此，他总是耐心听完，再发表个人的看法，让你高高兴
兴而归。1932年底，中国工农红军第二十六军红二团成立，我被选为
团长，自认担当不起重任，找他诉说。尽管当时他遭到"左"倾教条
主义者杜衡（后叛变投敌）的打击，被撤销一切职务，仍为我撑腰壮
胆，说："边干边学嘛！你打了几年仗，总算是个老兵吧。我要不离开
部队，会帮助你的。"事实上，事后志丹同志一直领导我指挥红二团，
活跃在三原、淳化、耀县等地，为创建照金根据地进行着艰苦卓绝的战
斗。特别使我不能忘怀的是，志丹同志在杜衡（红二十六军政委兼红二
团政委）把红二团引入歧途的日日夜夜。1933年5月底，杜衡强令红
二团南下，建立所谓"渭华根据地"。当我军刚刚渡过渭河，就遭到敌
西北军的围追堵截。我军指战员奋起抗击，与十倍于我之敌在终南山苦
战旬日，终因寡不敌众遭失败。志丹、汪锋（红二团代理政委）和我各
带一部，分散突围。我带部队在秦岭山中，辗转近两个月之久，才在华
县石头峪后山找到志丹和一名少年先锋队员。那时，志丹身体虚弱不
堪。见到志丹那憔悴的样子，大家都难过极了。志丹同志安慰我们说：
"革命者早已将生死置之度外，失败了再来。'留得青山在，不怕没柴
烧'。"就在这种艰苦的环境下，他那百折不挠，坚定自信的革命乐观主
义精神激励着我们，大家纷纷表示，一定要重返照金，扩大根据地，恢
复二十六军。事实证明，红二团有杨琪、惠泽仁、吴岱峰、高锦纯、魏
武、芮四、黄罗斌、刘约三、于占彪、康健民等几十名指战员，陆续回
到照金，成为革命的骨干力量。志丹和我等四人，也历经艰险回到根据
地，投入更大规模的战斗。

志丹同志一贯地模范遵守党的纪律、党的决议，维护党的利益、
党的团结。他捐弃前嫌，顾全大局。从不计较个人得失、个人恩怨。
1935年，王明"左"倾教条主义路线的推行者，在陕北大搞所谓"肃
反"运动，以"右派""反革命"等罪名，撤销志丹同志西北军委主席

和前敌总指挥职务，将志丹、习仲勋等一大批党政干部和红二十六军营以上干部逮捕入狱，进行无情的打击和残酷的迫害。事前，志丹同志曾亲手接到要逮捕自己的信，但他以凛然的正气，在生死攸关的关键时刻，想到党的事业的损失、同志们的安危，只身前往，力图据理相争，决心不惜个人的一切，维护党的利益、党的团结。他的良好愿望未能实现，一到瓦窑堡，便被投入狱中。在狱中，他面对随时有可能被活埋、枪毙的残酷现实，泰然处之，向同狱的同志说："我们死也不能说假话。黑云总遮不住太阳。"保持了一个真正的共产党员气节。1935 年 10 月，党中央、毛主席率中央红军到达陕北，给陕北带来了希望，带来了光明，挽救了西北革命的危机。在毛主席和周恩来副主席的直接关怀下，志丹、仲勋等同志才获得自由，重返革命队伍。一些出狱的同志，因蒙受不白之冤，个个义愤填膺。志丹同志告诫大家，党内的历史问题不必性急，要忠诚为党工作，让党在实际行动中，鉴定每个党员。事实上，历史已经作出最公正的回答。党中央指出："刘志丹等同志所坚持的政治路线和立场是正确的。""当陕北'肃反'问题未彻底弄清楚时，他们一贯地把握了布尔什维克立场和态度，这是值得我党同志们学习和效法的。"

志丹同志光辉的一生，正是以他这种对党无限忠诚的革命精神和超人的共产主义者的优秀品德，团结广大党员、群众，不断开创革命斗争的新局面，赢得了西北人民对他的衷心爱戴和拥护。

## （二）

刘志丹同志是陕甘红军和革命根据地的主要创建人之一。

1929 年秋至 1931 年春，志丹同志奉党的指示，先后在地方军阀苏雨生、陈珪璋部搞兵运工作，多次组织兵变均遭失败。这不平凡的经历，使他饱尝了失败的痛苦，懂得了利用军阀只能是暂时的，应该努力创造条件，搞我们自己的武装。他曾沉痛地说，陕甘地区先后举行过大大小小几十次兵变，都失败了。根本的原因就是军事运动没有同农民结合起来，没有建立革命根据地。如果我们像毛泽东同志那样，以井冈山为依托，搞武装割据，建立根据地，逐步发展扩大游击区，即使严重局面到来，我们也有站住脚的地方和回旋的余地。自此以后，他便把全部心血都花费在创建陕甘红军和革命根据地的事业上。

创建自己的军队和革命根据地，是十分艰辛的工作。既要同敌人进行殊死的搏斗，又要同党内的错误路线和错误思想作斗争。1932年初，谢子长、刘志丹等同志组织、领导的游击队，改名为"西北反帝同盟军"，不久又正式定名为"中国工农红军陕甘游击队"。这支人民武装的诞生，开创了西北革命的新局面。5月，志丹同志任陕甘游击队总指挥，率部先后在马栏、凤凰山一带歼敌四个连，并消灭了焦家坪、五里镇民团，发动群众打土豪、分粮食，扩红筹款。接着，又率部转战白水、宜君等县，歼灭宜君县、白水县尧禾民团，最后在英旺一战，歼灭敌高双成部一个营，俘获人枪各三百余。游击队连连获捷，极大地鼓舞了士气，振奋了民心，群众踊跃参军，使部队迅速扩大，武装斗争蓬勃发展，形势一派大好。

就在这时，王明"左"倾教条主义路线，已波及陕西省委。省委先后派李艮、杜衡带着反"右倾机会主义"的框框，来到陕甘游击队，指责子长、志丹等同志"犯了许多严重的政治错误"，是"党不可饶恕的罪恶"。他们不顾客观实际，无视群众的意见，多次强令陕甘游击队，进行它力所不及的战斗。10个月内，撤换谢子长、刘志丹、阎红彦等四任总指挥，使一支成立不到一年的游击队，几经磨难，元气大伤，最后只剩下二百余人。志丹同志对此痛心疾首，怒不可遏。但他仍以党的利益、民族的利益为重，尽其所能，尽一个共产党员的职责，继续为革命而战斗。

实践使志丹同志进一步懂得，掌握革命武装之后，还必须从实际出发，正确解决革命的路线和战略方针问题，只有这样，胜利才有保证。志丹同志总结多年革命斗争的经验教训，根据毛泽东同志关于开展游击战争和创建革命根据地的理论，在1933年初，率红二团积极开展对敌斗争，拔掉照金地区的敌人据点，建立起照金工农民主政权，为创建照金革命根据地做出了极大的贡献。1933年10月，志丹同志在南下失败回到照金后，面对省委被破坏的局面，他和陕甘边特委负责同志一起，独立自主地积极恢复红二十六军，领导群众开展游击战争，使陕甘边区革命斗争，沿着一条正确的革命路线胜利前进。

1933年10月中旬，照金根据地遭到敌人的进攻，根据地工农民主政府和红军后方机关所在地薛家寨失守。陕甘边根据地究竟建在哪里好？如何进一步发展红军力量？应该开辟哪些新的游击区等重大问题，亟待解决。志丹同志经过深思熟虑，提出并主持召开了具有重大历史意义的包家寨会议。会上，志丹同志高瞻远瞩地分析了当时形势，陈述了组建红二十六军四十二师的必要性和紧迫性；全面剖析了把南梁地区作为陕甘边革命根据地的有利因素和条件；具体地提出了开辟三路游击区的活动范围和任务。他的真知灼见，得到与会同志一致赞同，并作出相应的决议。实践证明，包家寨会议所作的决议是完全正确的。红二十六军四十二师成立后，和各路游击队配合作战，不到一年时间，解放了陕甘边十多个县的广大农村，拔掉敌人据点近百个，摧毁了敌人的保甲制度，成立了陕甘边工农民主政府，使以南梁为中心的革命根据地正式建立。随着根据地的巩固和扩大，红军和游击队也有很大的发展。红四十二师由成立时的两个团，发展到辖一、二、三团、骑兵团、抗日义勇军（团建制）五个团的兵力。三路游击队，除第一路游击队在发展中受挫外，其余两路扩大到辖二十余支游击队，数千名战士。使陕甘边游击战争，已从分散的游击区和被隔绝的小块红色区域，走上了军事战略的统一。陕甘边区的土地革命运动得到轰轰烈烈的发展。

政策和策略是党的生命，志丹同志在领导创建陕甘红军和根据地的过程中，坚持把革命理论与实践相结合，创造性地指导工作。他常告诫我们，革命是千百万民众的事业。只有组织群众，动员群众，领导群众，争取一切可以团结的力量，才能保证革命的胜利。他在革命实践中，为此作过不懈的努力。部队在短期休整中，或者在行军的过程中，他都十分重视做群众工作。经常派干部，深入群众进行革命宣传，激发广大群众的革命自觉性；帮助建立农会、妇救会、少先队、赤卫军等群众组织。这些组织，在开展游击战争中成为一支重要的革命力量，并在历次反"围剿"斗争中，积极支前，消灭敌人，为革命做出了应（有）的贡献。陕甘交界的子午岭和陕西黄龙山里，有很多股土匪，其中不少人出身贫苦，是迫于生活无奈才上山当土匪的。志丹同志对于那些凡是同情革命的，倾向革命的，都肝胆相照，热忱相待，耐心争取，使其弃暗投明。这些人参加革命后，打仗勇敢，进步很快，有的为革命献出宝贵的生命，还有的成为我军的高级将领。就是对待那些地方民团和"哥老会"组织，志丹同志也都采取区别对待、分化瓦解的方针，争取不愿与红军为敌的，孤立打击最反动的，为红军和游击队活动创造了有利的条件。

陕甘红军由小到大不断发展，成为西北革命的中坚力量，是与志丹亲手缔造、亲自领导分不开的；陕甘宁革命根据地，由创建到巩固，不断扩大，经受住战火的洗礼，在抗日战争和解放战争中为革命作出重大贡献，志丹同志有着不可磨灭的功绩。

（三）

刘志丹同志是我军卓越的军事将领。

蒋介石集团，在对我中央苏区和中央红军发动五次"围剿"的同时，一刻也没有停止过对陕甘边、陕北根据地和西北红军的"围剿"。面对敌人数倍乃至数十倍于我的进攻，志丹同志以他那气吞山河的革命胆略和卓越的军事指挥才能，领导红军和根据地人民，夺取一个又一个反"围剿"的胜利。志丹同志这种胆略和才能，来自对马列主义理论和党的正确路线、方针、政策的学习和理解；来自他灵活运用毛泽东军事思想指导战争的精深造诣；来自他敏锐深邃的洞察力和实事求是的作风；来自他对敌人的无比仇恨，对人民的无限热爱。志丹同志每到一地，都要亲自找人了解风土人情、地理环境，千方百计地掌握敌情。大家说，陕甘边的山山水水、人物趣事、敌情变化，他都了如指掌。正因如此，在历次制订作战计划和安排部署任务时，他能"料事如神"，灵活运用游击战争的战略、战术，打击敌人。当敌人进攻照金根据地时，他提出集小胜为大胜，主力跳出合围，外线作战的策略，采取声东击西、诱敌深入以及扰敌、疲敌的战术，寻机歼灭敌人；发动游击队和群众，坚持内线斗争，坚壁清野，昼夜骚扰敌人。最后，迫使敌人耳目闭塞，到处碰壁，挨饿受惊，狼狈不堪，退出照金根据地。当敌人"进剿"南梁根据地时，志丹同志率部牵着敌人鼻子转，九战九捷，最后果断地指挥了西华池战斗，取得一次歼敌两个营和一个机炮连的重大胜利，彻底粉碎了敌人的"围剿"，开创了陕甘红军歼敌的新纪录，极大地鼓舞了边区军民对敌的斗争士气，震慑了陕甘军阀的反动地方武装，使根据地得到日益巩固和发展。

志丹同志有着驾驭各种复杂斗争局面和战胜困难的英雄气概。1934年底，敌人在对陕甘边、陕北的"围剿"遭到惨败后，不但地方军阀慌了手脚，蒋介石也深感不安，于是亲自策划对陕甘边、陕北根据地进行又一次"围剿"的新阴谋。蒋介石调集七个师三十几个团的兵力，妄图逐区蚕食，逐地推进，逐渐压缩，迫我军于其包围圈，聚而歼之。志丹同志识破敌人的阴谋，率四十二师二团北上陕北，与谢子长同志（负伤养病）及陕北特委交换意见，并协商在安定县周家崄召开了陕甘边特委和陕北特委联席会议。会议认真分析了西北革命斗争形势，研究讨论作出了成立中国共产党西北工作委员会、西北革命军事委员会以及组建西北红军主力兵团，开展第二次反"围剿"斗争的重大战略决策。这次会议，是陕甘边、陕北革命发展的历史必然，是中国共产党领导西北革命战争的结晶，把西北地区的革命斗争推向一个新的发展阶段。志丹同志在这历史的重要关头，为统一两区党、政、军的领导，起到了决定性的作用。随后，志丹同志亲自草拟并发布了粉碎敌人"围剿"的《动员令》。在《动员令》中，他科学地分析了形势和敌人存在的种种矛盾及弱点，详尽地部署了红军主力和南北两线的作战计划，具体地提出了对敌斗争的任务和要求。《动员令》不仅把军事上集中兵力与政治上利用矛盾巧妙地结合起来，而且把粉碎敌人"围剿"与巩固和发展根据地联结成一个整体，为战争的胜利和革命的发展，奠定了可靠的基础。他亲自担任前敌总指挥，率红二十六军四十二师和红二十七军八十四师组成的西北红军主力兵团，转战千里，连战连捷，解放了安定、延长、延川、安塞、靖边、保安六座县城，毙伤俘敌三千余人，胜利地粉碎了敌人的第二次"围剿"，使陕甘边和陕北根据地连成一片，扩大到三十余县，红军发展到七千余人。

1935 年 7 月，我陕甘边、陕北根据地军民刚刚取得第二次反"围剿"斗争的伟大胜利；我中央红军在党中央和毛主席的领导下，冲破敌人数十万大军的围追堵截，爬雪山、过草地，向陕甘边胜利挺进之际，蒋介石犹如鲠骨在喉、芒刺在背，慌忙调敌陕甘宁晋军阀及东北军十几万之敌，亲任"西北剿匪总司令"，向我陕甘宁边区发动第三次"围剿"，妄图一举消灭我西北红军，侵占我苏区，迫使我党中央和中央红军无立足之地。形势非常严重。志丹同志纵观全局，力挽狂澜，果断地决定避开强敌，集中兵力，发扬连续作战的作风，先打东线晋军，后击立足未稳的东北军。8 月初，志丹率部东进清涧、吴堡、佳县、绥德等县，集中优势兵力，在穆家塬歼敌六个连六百多人。后采取"围点打援"的战术，在定仙墕，一仗歼敌晋军马延寿（外号马老虎）旅的一个团和旅直属部队，毙伤敌副团长以下二百余人，俘敌一千七百多人，缴获八二迫击炮六门、重机枪十二挺、轻机枪五十余挺、长短枪千余支及大批军用物资。战斗中，阎锡山派飞机"助战"，被我军当场击伤一架，坠落在绥德薛家峁附近。这是我西北红军击落的第一架飞机，极大地鼓舞了苏区军民。定仙墕"围点打援"获胜，创造了西北红军一次歼敌一个整团和旅直属部队的新纪录，打垮了晋军的锐气，晋军除留一部分收缩在宋家川、石堆山等坚固的工事里，其余全部撤回黄河东岸，打乱了敌人的部署。接着，志丹同志率部与徐海东、程子华同志率领的红二十五军会合，组成红十五军团，在延安以南的劳山地区，消灭敌人一个师（缺一个营），击毙敌师长何立中，沉重地打击了南线之敌，迎接中央红军到达陕北。

所以，我们说志丹同志伟大的一生，不仅在于他以坚韧不拔的革命精神，为创建陕甘根据地和红军，鞠躬尽瘁，呕心沥血十余年，更在于他以卓越的军事才能和指挥艺术，领导西北红军粉碎敌人多次大规模的"围剿"，保卫了陕北苏区，使其成为党中央和中央红军的落脚点，并在党中央和毛主席的领导下，又成为夺取全国胜利的出发点。志丹所领导的红军，汇入中央红军的洪流，南征北战，为中华民族的解放事业，建立了不朽的功勋。

（四）

1935 年秋，我因在穆家塬战斗中身负重伤，离开部队到延川县永坪红军医院治疗。1936 年元月，志丹同志到延川、延长等县的黄河畔，选择渡口，组织建造船只时，专程到医院看望我。他紧紧握着我的手，详细地询问了治疗情况和生活情况，说："世泰，我们准备打过黄河去。你要安心治伤，争取尽快恢复健康，早日回到部队。"他的关怀，使人非常感动，只觉得心里暖烘烘的，不住点头说："你也要多多保重啊！"谁知这次竟成为我和他的诀别。

1936 年 4 月，敬爱的志丹同志在山西省中阳县三交镇前线，不幸阵亡，实现了他"为革命奋斗到死"的誓言。噩耗传来，陕甘宁边区大地笼罩在悲戚之中，人民群众失去了一位"群众领袖，民族英雄"；红军失去了一位才华横溢的杰出将领；党失去了一位久经考验的忠诚的共产主义战士。而我则为失去一位朝夕相处、亲如骨肉的良师益友，悲恸不已。

"上下五千年，英雄万万千，人民的英雄，要数刘志丹。"志丹同志在他风华正茂的年月里，带着未竟事业的遗愿离开了我们。值得告慰的是，他的英雄业绩，鼓舞着千百万人民不断前进；他的遗愿，已在中国共产党的领导下得到实现。如果志丹同志有在天之灵，他更会为党的十一届三中全会以来，我们国家所取得的辉煌成就而含笑九泉。

今天，我们缅怀他、纪念他，就是要学习他对党对人民忠贞不渝的高尚情操，学习他俯首甘为孺子牛，生命不息，战斗不止的革命精神，遵循党的十二大提出的总任务、总目标，奋发图强，开拓前进。

# 后　记

　　王世泰同志是陕西洛川县人，土地革命战争时期参加刘志丹领导的革命活动，参与创建红二十六军第二团和陕甘边革命根据地，先后任红二十六军第二团第一任团长、安塞县军事部长、中共陕北省军事部副部长等。抗日战争时期在陕甘宁边区任庆环分区保安司令部司令员，陕甘宁边区保安司令部副司令员，留守兵团警备三旅政委兼三边分区地委书记，陕甘宁晋绥联防军副司令员、代司令员等。解放战争时期任西北野战军第四纵队司令员、中国人民解放军第一野战军四军军长等。新中国成立后，任甘肃行政专员公署主任，甘肃省人民政府党组书记、副主席，省军区司令员，西北军政委员会委员，铁道部副部长等等，为地方建设做了大量卓有成效的工作。1943 年，毛泽东为之题词："忠实，努力，不夸，不骄。"

　　《我的红军生涯——王世泰回忆录》的书稿，成型于 1993 年。中共甘肃省委党史资料征集研究委员会（现中共甘肃省委党史研究室）按照工作要求，向王世泰同志征集了该书稿，并以内部资料形式编辑成册，成为甘肃党史部门同志研究陕甘边问题的重要参考资料。2013 年，根据原中央党史研究室（今中共中央党史和文献研究院）加强"三山一地"（大别山、太行山、吕梁山、陕甘宁革命根据地）革命历史资料的征集研究的总要求，在省委党史研究室原主任刘正平同志的指导下，对该书稿进行了修订。室主任何天鹏同志高度重视书稿修订完善和出版工作，从提高书稿质量、严格政治史实把关等方面对书稿提出了具体要求，并对书稿进行了最终审定。

本书由省委党史研究室孙瑛同志负责，岳峰伟、李垚、鲁瑶同志具体整理完善。在整理完善中参考了军事科学院军事图书馆编著的《中国人民解放军组织沿革和各级领导成员名录》，中共陕西省委党史研究室、中共甘肃省委党史研究室合编的《陕甘边革命根据地》等文献和书籍。在此，一并致以谢忱。

中共甘肃省委党史研究室
2025 年 1 月